Hellzapoppin

Di Giobbe Covatta
nel catalogo Zelig Editore
potete leggere:

Sesso? Fai da te!

Dio li fa e poi li accoppa

Giobbe Covatta
e Paola Catella

L'incontinente bianco

http://zelig.editore.it   e-mail: info@zelig.editore.it

I proventi di questa pubblicazione saranno devoluti all'Amref (Fondazione africana per la medicina e la ricerca) per la realizzazione di progetti di solidarietà.

Le fotografie a colori dell'inserto, della copertina e quarta di copertina, sono di Guglielmo De' Micheli, mentre quelle in bianco e nero nel testo su Amref sono di Nico Marziali e Alberto Novelli.

2ª edizione

© 2002 Zelig Editore S.r.l.
Milano
ISBN 88-87291-60-8

Ringraziamenti

Un grazie di cuore ai fornitori dei seguenti accessori:

- i vestiti sono di Giobbe e quindi non si ringrazia nessuno
- le scarpe sono di vitello
- le borse sono di pelle
- le lacrime di coccodrillo
- l'orologio me l'hanno rubato ma se acchiappo chi è stato vedi!

E grazie a Cipolla per essere nata.

Dediche

– Dedicato a quel bambino ogni 4 che non ce la fa ad arrivare ai 5 anni, ma anche a quei 3 bambini ogni 4 che ce la fanno: perché l'Africa fa milioni di morti ma soprattutto milioni di vivi e non si sa chi sta peggio!
– Dedicato a tutti i miei compagni di viaggio.
– Dedicato a chi una volta disse: «Il mondo non lo abbiamo ereditato dai nostri genitori, ma preso in prestito dai nostri figli!»
– Dedicato ai nostri figli e a tutti quei ragazzi che mantengono accesa una fiammella di passione.

Radio Tele Canto e Tele Suono

Diario di San Giuseppe: Gesù nero

Fine delle trasmissioni

Ore 7

Inizio delle trasmissioni di
Radio Tele Canto e Tele Suono

Buoooooongiorno amici ascoltatoriiiiiiiiii!

Inizia una nuova giornata qui in Africa, da dove trasmette la vostra radio preferita: Radio Tele Canto e Tele Suono, ovvero canzoni per i bianchi e mazzate per i neri.

Un buongiorno di cuore a tutti i bianchi che per le ragioni più varie sono arrivati qui in Africa, terra bella e antica che ha purtroppo l'unica colpa di essere piena di negri.

Buongiorno a voi pensionati, che vi siete stabiliti qui e con gli stessi soldi con cui in Italia avreste fatto la fame ora vivete in una bella villa sul mare, con tre camerieri al vostro servizio. Certo, i camerieri sono negri, ma non si può avere tutto.

Buongiorno a voi commercianti, infaticabili lavoratori che fate import-export tra Africa e Italia per accontentare le esigenze di tutti! Import di armi e munizioni ed export di uomini neri che non vogliono morire in guerra: potranno sempre morire di fame nel nostro Paese! Import di danarosi turisti in cerca di simpatici tour del sesso, ed export di giovani donne che non vogliono saperne di pro-

stituirsi in Africa: potranno sempre farlo nel nostro Paese! Import di viveri e medicinali scaduti per intascare i fondi delle Organizzazioni Umanitarie, ma al tempo stesso export di bambini neri: visto che tanto le medicine scadute non li possono guarire, tanto vale che i loro organi facciano guarire dei bambini bianchi!

Buongiorno a voi, esuli di tutti i tipi: politici incriminati, gaudenti bancarottieri, falliti di ogni estrazione, criminali latitanti. Qui in Africa potrete finalmente rifarvi una vita senza più l'incubo della persecuzione giudiziaria!

E infine buongiorno anche a voi, bianchi perbene che siete la minoranza, ma comunque ci siete e rompete i coglioni perché non vi piacciono le nostre trasmissioni. Peggio per voi: l'unica alternativa che avete è spegnere la radio e leggervi il giornale. Ma lo sanno tutti che la stampa fa schifo, per questo nessuno di noi sa leggere!

A chi invece rimane sintonizzato sulla nostra radio, e cioè il meglio della comunità bianca qui in Africa, noi daremo in diretta notizie, commenti e aggiornamenti su quello che succede nella nostra lontana Italia, e anche su quello che succede qui in Africa.

E allora buona giornata africana con la vostra radio del cuore: Radio Tele Canto e Tele Suono, ovvero canzoni e mazzate.

Per cominciare bene la giornata eccovi come al solito il pensierino del buongiorno:

Ho *un amico di colore e gli voglio bene.*
Gli voglio bene
perché le sue lacrime sono bagnate come le mie.
Gli voglio bene
perché riempie l'aria di pensieri e io la respiro.
Gli voglio bene
perché pensa quello che penso io.

…cazzo!…
sarò mica negro pure io?

Ore 8

Le grandi inchieste
«Punti di vista» - Prima puntata

E ora cari ascoltatori eccoci alla prima puntata della grande inchiesta intitolata «Punti di vista», in cui analizziamo come reagiscono a stimoli uguali razze diverse.

In ogni puntata vi dimostreremo come, in situazioni simili, un appartenente alla razza bianca e un appartenente alla razza nera hanno reazioni radicalmente diverse. Entrambi partono dalle stesse circostanze, ma solo uno dei due ottiene riconoscimenti e soddisfazioni. E ciò dimostra in maniera scientifica e obiettiva come vi sia una differenza genetica tra le razze, tale per cui una riesce e l'altra fallisce.

La prima puntata della nostra inchiesta riguarda due giovani uomini alla scoperta di un continente sconosciuto.

Livingstone e Mobutu

Mi chiamo Livingstone: appena sono arrivato in Africa ho guardato quel continente e ho detto commosso: «La mia Africa». Ho sentito una mano forte nella mia.	Mi chiamo Mobutu: appena sono arrivato in Italia ho guardato quel continente e ho detto commosso: «La mia Italia». Ho sentito una mano forte qua dietro sul collo.
Sono stato accolto dai selvaggi: «Buana», mi hanno detto, «andiamo dal nostro re».	Sono stato accolto dai selvaggi: «Banana», mi hanno detto, «andiamo al centro di raccolta dei pomodori».
Ho portato con me mio figlio ma sono preoccupato: se dovesse andarmi male lui finirebbe come Tarzan.	Ho portato con me mio figlio ma sono preoccupato: anche se dovesse andarmi bene lui finirebbe tossicodipendente.
Sarebbe allevato dalle scimmie e saprebbe solo fare il suo famoso grido: «Ah ah ahhhhhhh».	Sarebbe allevato in riformatorio e saprebbe fare solo il suo famoso grido: «Uh maronna!»

Ieri, mentre esploravo, il mio amico portatore mi ha detto: «Uomo bianco, quello è il lago Tanganica». «Da oggi», gli ho risposto, «si chiamerà lago Vittoria!» E così è stato che il lago ha preso il nome di una regina di sangue blu.	Ieri, mentre vendevo, il mio amico portantino del Cardarelli mi ha detto: «Negro, quella è Bergamo». «Da oggi», gli ho risposto, «si chiamerà TocToi; TocToi de ura e TocToi de ota!» E così è stato che i Toctoiesi da nero che ero mi hanno fatto blu di botte.
Ora sono tornato e ho il mal d'Africa, un male che prende al cuore.	Ora sono tornato e ho il mal d'Italia, un male che prende ai reni piuttosto forte.
Mi hanno chiamato all'università: dalla cattedra ho parlato del faticoso viaggio.	Mi hanno chiamato all'università: da dentro una buatta di formalina ho mostrato i numerosi traumi.
Tutte le notti, triste da dietro i vetri delle finestre, penso al passato e a tutto ciò che ho fatto in Africa.	Tutte le notti, triste da dietro i vetri della buatta, penso alla passata e a quanta ne ho fatta in Italia.

Ore 9

Il radiogiornale del mattino

Buongiorno amici ascoltatori,
apriamo questo radiogiornale con una notizia drammatica e raccapricciante, una di quelle notizie che nessun giornalista vorrebbe mai dover leggere nella sua vita.

Oggi in Italia sono morti 33.000 bambini tra gli zero e i dodici anni!

Messaggi di incredulità e cordoglio sono arrivati da tutto il mondo, mentre si moltiplicano le manifestazioni di lutto e solidarietà verso il nostro Paese, così duramente colpito.

È stato deciso che per i prossimi trent'anni i telegiornali non parleranno d'altro, e tutta la stampa dedicherà a questa tragedia la prima pagina per almeno quarant'anni.

La Conf. Poet., la Confederazione dei Poeti, ha dichiarato che si poeterà su questo argomento per tutto il secolo.

Si terranno manifestazioni per almeno otto decenni, collette e gesti di solidarietà saranno tali e tanti da cambiare le abitudini sociali.

Le bandiere verranno tenute a mezz'asta per 101 anni.

Si è altresì stabilito che... Ma scusate un momento! Scusate, ma... MA NO!!! Non è successo in Italia... è successo qui Africa! E allora chissenefotte! Succede tutti i giorni, che cazzo di notizia è?

Scusateci per questo falso allarme, gentili ascoltatori, e passiamo subito alla prossima notizia, che questa volta riguarda davvero il nostro Paese: sono iniziati oggi in tutta Italia gli esami di maturità. Questa la traccia della prova scritta di italiano stabilita dal ministero della Pubblica Istruzione per tutti gli ordini di scuole:

TEMA

«Il diverso troppo spesso scatena in noi diffidenza e odio piuttosto che curiosità e amore. Perché è così difficile accettare chi ha culture e idee diverse da noi, e in che modo, secondo la vostra opinione, si potrebbe instaurare un rapporto sereno con gli immigrati? Scrivete onestamente se considerate possibile arrivare a una unità di vedute sul problema, e se sarà possibile risolvere questo grave conflitto, nel comune interesse.»

Purtroppo lo svolgimento di tale tema si è rivelato impossibile a causa del caos generato da un titolo decisamente troppo ermetico.

La confusione è iniziata nei collegi militari, dove nessuno è riuscito a capire il significato della parola <u>diverso</u>, *e si è rapidamente estesa alle scuole di ogni ordine e grado.*

I geometri si sono bloccati sull'espressione <u>troppo spesso</u>, *in quanto non sono riusciti a darle una rappresentazione matematica esatta: «Spesso quanto? 5 cm? 10 cm? Non era forse meglio dire troppo poco sottile?»*

I ragionieri si stanno ancora interrogando sul significato della parola <u>curiosità</u>.

Il termine <u>amore</u> *ha creato problemi a molte categorie, dalle elementari fino all'università.*

La parola <u>difficile</u> *ha invece mandato in crisi i raccomandati di ogni ordine di studi.*

La parola <u>accettare</u> *ha spinto i ragazzi di Alleanza Nazionale a indire una movimentata assemblea in cui è stato deciso all'unanimità che tale forma verbale doveva chiaramente derivare dal sostantivo «accetta». Di conseguenza tali studenti sono andati fuori tema dilungandosi nel descrivere come rendere più efficienti arnesi come scuri, asce e ogni altro attrezzo funzionale allo scopo di interagire con culture diverse.*

I giovani aderenti alla Lega Nord hanno avuto delle insormontabili difficoltà nel comprendere la parola <u>culture</u>, *da loro invano cercata sui più aggiornati dizionari della lingua padana.*

I ragazzi di Comunione e Liberazione non conoscevano il significato della parola <u>idee</u>.

Problemi anche per gli studenti delle scuole cattoliche: la parola opinione *è risultata del tutto sconosciuta ai ragazzi iscritti alle scuole gestite da gesuiti, mentre nelle scuole gestite da suore gli insegnanti hanno censurato il tema per via del termine* rapporto sereno. *In tali istituti si è deciso di sostituire la traccia redatta dal ministero con una più originale e adatta all'argomento del razzismo, ovvero il sempreverde: «Il mio primo giorno di scuola».*

Tutti i giovani della sinistra hanno trovato incomprensibile la parola unità, *e, nonostante gli incitamenti di Nanni Moretti, nessuno di loro è riuscito a svolgere il compito in maniera accettabile.*

Il termine onestamente *ha invece bloccato tutti i figli dei deputati di Forza Italia. A nulla è valso il generoso gesto del cavalier Berlusconi che ha prontamente assunto l'incarico di ministro della Pubblica Istruzione* ad interim: *la lentezza della solita burocrazia non gli ha permesso di modificare il testo incriminato nelle cinque ore previste per la consegna del compito.*

Ma ciò che ha fatto definitivamente precipitare la situazione, rendendo di fatto impossibile il regolare svolgimento della prova, è stata l'interpretazione della frase finale del tema. La vicinanza di due fatidiche parole quale conflitto *e* interesse *ha infatti fatto scoppiare una bagarre generale: urla, insulti, striscioni dappertutto.*

I presidi hanno così deciso di votare seduta stante un provvedimento di urgenza per sanare la delicata situazione.

Al momento del voto i bidelli hanno lasciato le aule per protesta, ma nessuno se ne è accorto e così, a totale unanimità, è stato approvato il provvedimento che dichiara illegale il tema in questione, in quanto chiaramente frutto di un complotto giudiziario volto a denigrare la preparazione degli studenti e dei loro insegnanti.

Ore 10

Radiodramma

Per la serie «I grandi classici» riadattati per voi, tra-smettiamo ora il radiodramma

LA TOPINA COMMEDIA

1. «Rincorrer miglior vita, alzar le tende
2. racimolar alloggio ed alimenti
3. rompersi un dito e non aver le bende

4. il sole ardente la pioggia che ci annega
5. è dura vita in balia degli elementi
6. Colla campagna voglio chiuder bottega.»

7. Così andavan discorrendo lenti
8. Kikì e Kikò due topi campagnoli
9. che di patir fame eran scontenti

10. «Voglio partire, lasciare questi suoli
11. raggiunger la città, vivere al top
12. non voglio crescer qua i miei figlioli

1-6. Il poeta descrive la magra vita di campagna a cui è costretto il topo ugandese protagonista del canto. Tuttavia, secondo il De Giorgi, trattasi di rievocazione autobiografica del triste periodo in cui il poeta conviveva con l'amico Giachetti.

8. I nomi Kikì e Kikò sono di fantasia. Tuttavia, secondo Panicuoco, si tratta di nomi di creditori che il poeta cerca di ammansire con questo omaggio.

11. Topo che vive al top fa molto ridere.

13. voglio le tope, voglio vini doc
14. qua so sempre malato, c'ho la tosse
15. manco posso comprarmi lo scirop.»

16. E baci e abbracci lacrime così grosse
17. parte Kikì di buon'ora all'aurora
18. verso un futuro non solo pelle e osse

19. sogna una moglie, figli, una dimora
20. una metropoli fulgida e accogliente
21. quando dal nulla una gran porta affiora

22. e
23. .
24. .

25. Per me si va nella città fetente
26. a respirare questo orrendo odore
27. merda è quel che si vede e che si sente.

28. Giustizia? Latitante a tutte l'ore.
29. Speranze? Stamm' in mano a' provvidenza.
30. Lo stupro in questi pizzi è il primo amore.

---

13. Da anni la critica si interroga sull'esatto significato di topa. Forse questa frase nasconde un doppio senso.

22-24. Per anni si è pensato che la sostituzione di una intera terzina con la sola lettera «e» fosse frutto di una precisa quanto ermetica scelta artistica. Solo da poco è stato ritrovato il ritaglio di un giornale scandalistico dell'epoca, in cui la moglie del poeta rivelava la verità: il poeta avrebbe usato il foglio su cui era scritta la terzina mancante per fare il filtro di una canna. Tuttavia questa teoria non è mai stata confermata.

25. Sobborgo, slum, bidonville.

29. Libertà poetiche tipiche del Dolce Stil Novo. Tuttavia il Palazzi sostiene che il poeta non fosse nato a Firenze ma a Pozzuoli.

31. Innanzi a noi cumuli di cacate
32. monnezza fogne polvere e sudore
33. lasciate ogni speranza voi che entrate.

34. E innanzi all'uscio un turpe controllore:
35. un gatto con tre teste e nove code,
36. emanazione del demone assessore

37. ma a rimbonire il fetido custode
38. interviene Virgilio un pipistrello
39. angelo nero, bello astuto e prode

40. «Entra Kikò mio povero fratello
41. ti mostro dei dannati il gran raduno»
42. e s'avviò nell'oscuro budello.

43. «Ringrazio, ma mi pare inopportuno»
44. disse Kikò con la pelle d'oca
45. ma poi più che l'onor poté il digiuno.

46. Tra le baracche la luce era assai fioca
47. fiumi di gente, era tutto un codazzo
48. urla, schiamazzi, grida a voce roca

49. e
50. .
51. .

---

31. Sempre di Stil Novo si tratta. Tuttavia il Bianconi avanza l'ipotesi che più che Novo fosse lavato con Panzana e poi risciacquato in Arno.
35. Essendo il protagonista un topo, il De Giorgi ci fa notare come il geniale poeta abbia usato la figura di un gatto piuttosto che l'antiquato e démodé Cerbero.
36. Assessore sta per politico corrotto.
38. Il poeta ha preso spunto da un collega fiorentino.
45. Kikò spera di trovare all'interno una rosticceria o una tavola calda, ma rimarrà deluso.
49-51. Vedi nota 22-24 sulla terzina mancante. Scelta poetica o canna?

52. Papè satan Papè satan alazzo
53. eccoci nel girone del mercato
54. dove la spesa la fai 'co i cuoll' e'cazzo

55. la pancia vuota qua è un difetto innato
56. non c'è un'aringa, un seme, un frutto sfatto
57. sei a mangiarti le unghie condannato

58. tutti della disperazione so' il ritratto
59. il lavoro? Ma manco a bestemmiare
60. e non puoi fare meno del baratto.

61. Quando il poeta ci facea notare
62. che l'ammore non fa chi non lavora
63. sbagliava: trombare è lavorare

64. per poche lire a qualsiasi ora,
65. sperando che qualcosa ti sgranocchi
66. ti vendi madre figlia e pure nuora.

67. Andando oltre per rifarti gli occhi
68. vedi bimbi frammisti agli animali:
69. oltre alle capre, zoccole e pidocchi.

70. Niente ruscelli ma fetidi canali,
71. un unico e orrendo vespasiano:
72. chi è nato qua paga le cambiali.

---

52. Da anni si dibatte sul significato di questa frase. La moglie sostiene che sia il risultato della canna sopra citata, visto che era già la seconda.
54. Discussa espressione stilnovista, formata da alcune parole dall'etimo molto incerto.
57. Metafora molto divertente.
59. Sta per: «Non si trova lavoro in nessun modo».
66. La prostituzione è diffusa e i costi bassissimi: l'Aids si ottiene al modico prezzo di 10/20 centesimi di euro.
69. Zoccola: stilnovismo che sta per topo, ratto.
72. Allegoria che simboleggia la fatica del vivere.

73. Poi si raggiunge uno stazzo strano
74. dove l'infanzia paga un'altra tassa.
75. Bambini dall'aspetto subumano

76. pippano colla ridotti una carcassa
77. uno sull'altro come in una stalla
78. non ti curar di loro ma guarda e passa.

79. L'unico modo di restare a galla
80. risollevarsi dal putrido pavé
81. è l'esser bravi nel giocare a palla,

82. sognare la carriera di Pelé.
83. Giochi a San Siro o giochi con San Pietro:
84. le alternative son due non sono tre.

85. Andiamo avanti senza voltarci indietro.
86. Kikò era più sudato di un orango
87. quando arrivorno in un girone tetro:

88. i cercatori d'acqua anzi di fango:
89. scavano pozzi e trovan malattie.
90. «Andiamo via che oltre a sudare piango!»

---

73. Stazzo: luogo. Sì, però compratevi un Dizionario dei sinonimi e contrari perché mica posso dirvi tutto io!
76. Usanza dei bambini di strada che a 4 anni cominciano a drogarsi con il Bostik. Fa malissimo alla salute e non è neanche un granché come droga, però costa poco! Bisognerebbe fare delle collette per mandargli qualcosa di meglio.
83. Unico sogno possibile è diventare un calciatore famoso. O riesci nell'impresa o spesso tiri le cuoia: di solito la percentuale di riuscita è di 1 su 400.000.000.
86. Forse gli oranghi non sudano, ma il poeta doveva fare la rima con il verso 88: e provateci voi a fare la rima con fango!
89. Significa che nell'acqua si annidano spesso batteri.

91. disse Kikò cercando un'altra via.
92. Ma s'imbatté in gente che mangiaa la monnezza
93. come se fosse in una pizzeria.

94. E sbalordito disse, annusando quella brezza:
95. «Questi s'ammoccano insetti e cellofane!»
96. Virgilio a lui: «Cos'è questa schifezza?

97. Quando hai mangiato tutto non rimane,
98. dopo che pure il fegato hai ingoiato
99. che di sfamarti con merda e letame!»

100. E il topo mezz'uccello sconsolato
101. continua a illustrar l'inferno intorno:
102. «Nù cieco, nù storpiato, nù sciancato:

103. in questo luogo si è toccato il fondo!
104. Quando va bene tieni il fiato corto:
105. convivi con lo stupro furibondo,

106. con assassini che ammazzan chi è già morto,
107. con chi per fame si butta sotto al treno.
108. Ladri che il nulla a un povero hanno estorto,

92-93. Giovani che vivono nelle discariche nutrendosi di rifiuti che peraltro sono pochissimi perché in Africa è come col maiale: non si butta niente.
94. Il puzzo è forte e penetrante.
95. Ammoccano sta per ingurgitano... Insomma, lo Stil Novo lo conoscete o no?!!
100. Ricordate che Virgilio è un pipistrello: mezzo topo e mezzo uccello, quando si dice la poesia!
104. Riesci a malapena a uscirne vivo.

109. alcolizzato di birra e di veleno.
110. Gente che si è mangiata mamma e figli,
111. che si è venduta i reni e il duodeno!

112. Torna in campagna senza batter cigli!»
113. «Fossi matto!» gli ribatté Kikò.
114. «Fame, deserto pieno di perigli,

115. sete, colera, di ogni mancanza un po'.
116. Io da là vengo e non ci torno propo.
117. Ma allora dove andar, perbacco e oibò?»

118. E il pipistrello col senno del dopo:
119. «Non è se qua o là salvi la pelle:
120. il problema rimane nascer topo!»

121. Dopodiché gli presentò parcelle
122. Per avergli mostrato questo e quello.
123. Eran salate assai: Kikò vide le stelle!

---

111. Il De Giorgi parla di figura retorica, ma siamo propensi a credere che ci sia un preciso riferimento alla vendita clandestina di organi.
115. Si riferisce alla magra vita campestre da lui aborrita.
116. «Propo»: licenza poetica che sostituisce «proprio». Se no come si faceva la rima con «dopo» al verso 118?
118. Se il poeta avesse scritto «poi» invece che «dopo» – ci fa notare il De Giorgi – per fare la rima al verso 120 avrebbe dovuto scrivere «buoi» invece che «topo» e sarebbe cambiata tutta la storia e sarebbe stato un casino!
121. Il suo compenso da cicerone. E sembra che, non avendolo concordato prima, fosse veramente molto caro.

Ore 12

Le grandi inchieste
«Punti di vista» - Seconda puntata

E ora cari ascoltatori eccoci alla seconda puntata della grande inchiesta intitolata «Punti di vista», in cui analizziamo come reagiscono a stimoli uguali razze diverse.

In questa seconda puntata mettiamo a paragone due ragazzini di razze diverse, entrambi in partenza per le vacanze: vedrete come il ragazzino nero non riesce a cogliere e sfruttare le opportunità che gli vengono offerte, mentre il ragazzino bianco vi si adatta perfettamente. Quale prova più obiettiva e inconfutabile della superiorità genetica di una razza sull'altra?

Luca e Taganaca

Mi chiamo Luca, sono di Napoli e sono in partenza per l'Africa.	Mi chiamo Taganaca, sono di Dakar, e sono partito per l'Italia.
Mio papà è un uomo di fama internazionale e ha detto: «Basta, sono stressato, tiro i remi in barca». E così si è preso tre mesi di aspettativa per ritemprarsi.	Mio papà tiene una fame intercontinentale e ha detto: «Basta, sono esausto, tiro i remi in barca». E così si è preso tre cazzotti in faccia e si è subito rimesso a remare.
Mio papà è nel commercio: vende armi ai negri.	Mio papà è nel commercio: vende fazzolettini ai bianchi fermi al semaforo. Così noi ci spariamo e loro si asciugano le lacrime.
Quando ha saputo che il papà voleva partire la mamma ha detto: «Parto anch'io», e ha fatto le valigie.	Quando ha saputo che il papà voleva partire la mamma ha detto: «Parto anch'io», e ha partorito per la nona volta.
Alla mamma interessa che sul posto ci sia una	Alla mamma interessa che sul posto sia possi-

beauty-farm per diminuire il punto vita.	bile aumentare la vita, punto.
Al papà interessa che si mangi bene.	Al papà interessa che si mangi.
Si parte venerdì e si arriva di sabato.	Si parte quando capita e si arriva circa 6 mesi dopo.
L'aereo fa un po' paura, ma è veloce.	La nave fa paura, e basta.
L'aereo ha i posti di prima classe, per noi.	La nave è tutta di prima, di prima della guerra.
Ho chiesto la rotta a tre hostess che servivano da bere.	Mentre cercavo da bere mi hanno rotto tre costess!
Per farmi contento mi hanno portato in cabina dal comandante.	Per far contento il comandante mi hanno portato nella sua cabina.
Woh, che vista dalla cabina... La Turchia sotto è bellissima!	Woh, che vista in cabina... Un turco sopra è una tragedia!
Appena arrivati siamo corsi in spiaggia a fare un bagno.	Non eravamo ancora arrivati e già ci avevano buttati in acqua.
Dopo un'ora ci eravamo già ambientati e ci hanno invitati a una festa.	Dopo un'ora ci avevano già acchiappati, e ci facevano la festa.

Ore 13

C'è posta per te

Ed eccoci adesso al consueto appuntamento con la rubrica epistolare, cari amici ascoltatori.

Avete una missiva da mandare ma non avete i soldi per il francobollo?

Volete fare avere un messaggio a qualcuno ma non sapete l'indirizzo?

Niente paura! Spedite pure a noi le vostre lettere: le leggeremo in diretta e così il vostro messaggio raggiungerà il destinatario in tempo reale!

Oggi abbiamo selezionato per voi ben tre lettere, vediamo di che si tratta.

LETTERA DI HAMMED BARIAH
AL DIRETTORE DELL'AGENZIA DI VIAGGI

Caro signor direttore della agenzia Vacanze e Animazione,

mi chiamo Hammed Bariah, sono chirurgo di Marrakech, e ho letto su dépliant di vostri bei villaggi turistici. Io allora prenotato vacanza in villaggio di Otranto e venuto in Italia.

E ora sono incazzato come cammello incazzato.

Tutto è cominciato da arrivo a Fiumicino. Quando sceso da aereo, poliziotto mi guarda e mi dice: «Che ci fai qua?»

«Devo andare a Otranto», ho detto io.

«Allora gli scafisti ti hanno buttato a mare troppo a nord», risponde lui.

Io non capire bene e domando: «Dove posso prendere treno per Otranto?»

E quello: «Devi andare nel doppio fondo di un camion!»

Io allora capito tutto: lui non poliziotto ma animatore Villaggio Vacanze che fa gioco di benvenuto, e allora rido e domando dove essere cocktail di accoglienza.

E l'altro non ride e dice: «Ma pensi di stare in vacanza?»

E quando rispondo di sì lui dice: «Fai lo spiritoso!» e cosparge me di mazzate.

Io pensato tra me e me: mi avevano detto che animatori scemi, ma non pensavo così! Ma ancora non ero incazzato come cammello incazzato. Ero poco incazzato, come capra diciamo.

E così mi sono incamminato a piedi. Al primo semaforo mi ferma altro animatore, vestito da vigile. «Cosa fai qua?» mi dice lui.

«Devo attraversare», dico io.

«Stai lavando i vetri?» chiede lui con aria furba.

«È necessario per attraversare?» domando io.

E lui dice: «Fai lo spiritoso!» e cosparge me di mazzate. Io pensato tra me e me: forse spiritoso significa cosparso di mazzate in lingua italiana.

«Dov'è il permesso di soggiorno?» chiede lui.

Allora io do a lui permesso. «Questo è un visto turistico, non è permesso di soggiorno», dice lui, «non puoi lavare i vetri con il visto turistico!» e mi cosparge un'altra volta di mazzate.

«Quindi non posso attraversare?» chiedo io, ma siccome l'animatore vestito da vigile fa la faccia di chi crede che faccio lo spiritoso io pensato che era meglio cambiare semaforo.

Ma anche all'altro semaforo era difficilissimo attraversare: tutte le volte che scendevo dal marciapiede la gente nelle macchine col dito faceva segno di no, no, no. Qualcuno diceva: «No grazie», qualcuno meno gentile diceva: «Non ti ci provare!» E allora io dovevo tornare indietro e risalire sul marciapiede. Ci ho messo tre settimane per passare dall'altra parte della strada!

Sull'altro marciapiede c'era una signora che passeggiava e teneva sigaretta in bocca. Allora io mi sono avvicinato per farla accendere, ma lei mi ha detto: «Non compro accendini!» E io risposto: «Io non vendo accendini, volevo fare accendere». «Non fare lo spiritoso», ha detto lei. Ci risiamo, ho pensato io, mentre lei colpiva me con tacchi a spillo, e ho capito che anche le animatrici di vostri villaggi non sono simpatiche.

Allora io allontanato veloce veloce e cercato di trovare la stazione, perché sempre dovevo prendere treno per Otranto. È passato un ragazzo e io ho chiesto: «Scusi, da che parte per la stazione?» Ma lui detto solo: «Non ho spiccioli» e non si è fermato. Poi passato una signora e io chiesto di nuovo della stazione, e anche quella detto: «Non ho spiccioli». Io pensato che questo forse il nome della piazza della stazione, ma dopo ho chiesto a un signore: «Scusi, che ore sono?» E lui risposto: «Non ho spiccioli». Io disperato ho chiesto a un altro: «Dov'è l'ambasciata?» E quello risposto: «Non ho spiccioli». Ho pensato tra me e me: questo gioco di animatori molto stupido e a quel punto ero molto incazzato, non ancora come cammello incazzato, ma come dromedario incazzato sì.

Alla fine è passato un signore e io ancora ho provato a chiedere dove era stazione. Ma mentre io mi avvicinavo quello gli si leggeva in faccia cosa pensava. Pensava: «Cosa posso fare per far finta di niente? Attraverso la strada e vado dall'altra parte, oppure tiro dritto e così sono meno visibile e do meno nell'occhio, oppure faccio finta di parlare al telefono, così non sono costretto a dargli cento lire, pari a 0,05 euro, ma se non gli do le cento lire, pari a 0,05 euro, quello è capace che mi taglia la gola con uno spazzolino da denti, oppure mi accoltella con l'unghia del mignolo, sono capaci di tutto questi, forse mi fa esplodere con la gelatina alla frutta, oppure mi spara con un fucile di legno... Oppure... Oddio, mi sento male...!» E infatti è svenuto.

Quando ha riaperto gli occhi e mi ha visto chino su di lui stava per svenire di nuovo.

«Mi vuole mangiare?» mi ha chiesto.

«No, sono un medico», ho detto io.

«Meno male», ha detto lui. «Mi scusi, ma non si è mai sicuri quando si incontra un extracomunitario...»

E io ho detto lui: «Si è molto meno sicuri quando si è un extracomunitario».

Alla fine, molto stanco, sono entrato in un albergo. «Vorrei una stanza», ho chiesto.

«Per svaligiarla?», ha risposto albergatore.

«No, per dormire», ho detto io.

«Perché», ha detto albergatore, «non c'è una scatola di cartone alla Stazione Termini?»

«Non lo so,» ho detto io, «non riesco a sapere come si fa ad andarci.»

«Non fare lo spiritoso!» ha detto quello, e io già ero pronto al peggio, ma quello invece di picchiarmi ha detto: «La stazione sta proprio dall'altra parte della strada!»

E io disperato ho risposto: «Ma io per attraversare ci metto tre settimane... Cosa devo fare?»

E quello mi ha guardato e mi ha detto: «Non ho spiccioli».

Sono passati quattro anni e sono sempre qui, che faccio lo spiritoso e rimedio mazzate per cercare di arrivare nel vostro villaggio. E siccome ora sono incazzato proprio come un cammello incazzato dico che voi dovete ridare me tutti i soldi che ho pagato per mia vacanza, perché vostra animazione fa schifo e i vostri giochetti non fanno ridere per niente! Rivoglio miei soldi, tutti, subito e fino a ultimo centesimo! Anzi no... Tenete pure centesimi e dateli a vostri animatori: così finalmente anche loro avranno in tasca qualche spicciolo!

Distinti saluti

Hammed Bariah
(medico chirurgo di Marrakech)

LETTERA DI UNA BAMBINA
DELLO ZIMBABWE A GESÙ BAMBINO

Caro Gesù Bambino,
ti scrivo questa letterina perché qui abbiamo proprio bisogno del tuo aiuto.

Lo so che chi si accontenta gode, ma è anche vero che chi gode è più contento!

Il problema è che qua si gode pochissimo, perché siamo molto, molto poveri, per questo ti chiedo di aiutarci.

Aiuta il mio papà, che è talmente povero che spera di emigrare in Albania. Dove abitiamo noi non può neanche lavare i vetri alle macchine ferme ai semafori, perché non ci sono i semafori; è costretto a correre dietro alle macchine finché non arrivano a casa, e così gli vengono dei polpacci come Maradona. È così povero che non sa come sfamarci. L'altro giorno, quando la mamma gli ha chiesto una mano per la tavola, lui gli ha risposto: «Ti ho già dato la gamba l'altro ieri, oggi non potremmo mangiare qualcun altro?» E si è arrabbiato, ma solo per potersi mangiare il fegato. Abbiamo così tanta fame, che l'ultima volta che è venuto a cena un mio amico il papà gli ha chiesto di lavarsi le mani con la maionese e intanto lo guardava con l'acquolina in bocca. Il mio amico un po' si è insospettito. A forza di non mangiare mio papà si è anche ammalato, e il medico gli ha dato delle medicine: il problema è che gli ha proibito di prenderle a stomaco vuoto! E allora, ti prego, Gesù Bambino: fa' che assumano mio papà alle Poste così lecca i francobolli e può prendere le medicine!

E poi, caro Gesù Bambino, aiuta anche mia sorella, che per la fame è diventata secca come un raggio della bicicletta. È talmente magra che l'ultima volta che ha fatto la doccia, poverina, è cascata dentro lo scarico. E quando piove non si bagna: passa tra un pisciarello e l'altro. È talmente secca che quando a scuola va male la maestra la mette dietro la lavagna, e la lavagna è appesa al muro! E del resto i suoi compagni non stanno messi meglio: quando hanno fatto la foto di classe sono entrati tutti in una fototessera! Ma mia sorella non ce la fa proprio più: è così disperata che ha tentato il suicidio con i barbiturici, e così è ingrassata di due etti. Quando l'abbiamo portata dal dottore gliela abbiamo passata sotto la porta, e lui non le ha fatto i raggi X, le ha fatto direttamente la prova finestra. E poi, già che c'era, il dottore le ha prelevato una cellula di Dna: l'hanno impiantata in una pianta di canapa ed è venuto fuori direttamente lo spago.

E ti prego, caro Gesù Bambino, aiuta anche il mio fratellino. Lui è appassionato di calcio, ma gli tocca giocare in una squadra di profughi che, tra malattie, fame e mine, è un po' malconcia. Mio fratello è portiere, sta fra i pali che sono due suoi amici alti un metro e novantotto e pesano 21 chili l'uno. Il terzino, che credo si chiami così perché è del Terzo Mondo, non tiene la gamba destra e tira solo di sinistro, ma ogni volta cade per terra. La mezz'ala è talmente secca che non raggiunge neanche un quarto di ala! Il centravanti è saltato su una mina e quando l'arbitro gli ha fischiato il fallo di mano gli ha fatto notare che non era possibile: non tiene le mani! Il massaggiatore ogni volta che succede qualcosa non entra in campo con la cassetta del pronto soccorso, ma porta direttamente la cassa da morto! E anche le majorette, al posto dell'animazione sono costrette a fare la rianimazione. Insomma, stanno talmente conciati male che, quando fanno le partite, giocano due tempi lunghi un minuto l'uno: di più non ce la fanno. E di solito giocano 500 contro 500, con la panchina lunga: 37.000 riserve... Tutte rovinate.

E se puoi, Gesù Bambino, aiuta anche me che mi sono innamorata per la prima volta! Lui è un bambino di un'altra tribù, e il nostro è un amore contrastato. E come si dice, l'amore lascia le cicatrici, ma pure il machete non scherza un cazzo!

Grazie, Gesù Bambino, e cordiali saluti.

LETTERA A UN VECCHIO COMPAGNO DI SCUOLA

Caro Bernardo,

tu forse non ti ricordi di me, ma andavamo a scuola insieme, al liceo, e dopo tanti anni ho deciso di scriverti per farti gli auguri per l'anno nuovo.

Veramente neanche io mi ricordavo di te fino all'altro giorno, quando ho visto in televisione l'intervista a un deputato. Io guardavo e mi chiedevo: ma dove l'ho già visto questo tizio, ma io questo lo conosco. Poi a un certo punto è apparso il sottopancia: Bernardo Po! Eri proprio tu! Pensare che a scuola sei sempre stato un imbecille e ora sei diventato deputato: si vede che sei peggiorato. Una volta eri un imbecille innocuo, adesso sei un imbecille che parla di immigrati e di razzismo. È stato allora che ho deciso di scriverti, perché ci tengo davvero a farti gli auguri per l'anno nuovo. Tu sei sempre stato una persona speciale e ti auguro per il prossimo anno un sacco di cose speciali.

Ti auguro di trovarti su un autobus con un gruppo di incappucciati del Ku Klux Klan, così ti metti a fare i tuoi proclami e scopri che non sono incappucciati del Ku Klux Klan ma gli Harlem Globetrotters che vanno a una festa mascherata e la maschera la fanno pure a te, di sangue... in faccia!

Ti auguro di andare da Bruno Vespa a «Porta a Porta» e una volta che hai unito tutti i punti da 1 a 37 sulla faccia di Bruno Vespa, per vedere che cosa apparirà, apparirà la scritta: BERNARDO SEI UN DEFICIENTE!

Ti auguro di precipitare con un aereo nella foresta, in mezzo a una tribù di aborigeni antropofagi, e quando li vedi dici cordiale: «Salve selvaggi!» E loro ti rispondono: «Ciao Bernardo, ti abbiamo visto ieri sera a "Porta a Porta" e abbiamo un certo appetito».

Ti auguro che ti arrestino e ti mettano in cella con Mike Tyson, il quale scopre che sei fenomenale come punching-ball, ma soprattutto che sei straordinario come fidanzata; e finalmente dopo ore e ore d'amore ti addormenti esausto e scopri quanto è falso il proverbio che dice «chi dorme non piglia pesce».

E poi ti auguro di andare dal dentista con un dente cariato e spalancando la porta tu dica: «I denti devono essere bianchi come le persone, cazzo!» e quando ti accorgi che il dottore è un mandingo è troppo tardi, perché quello tiene già il trapano nella tua bocca e dopo venti minuti ti ritrovi tutta la dentatura a bassorilievi con giraffe ed elefanti.

Ti auguro che tua figlia partorisca un figlio nero e tu le dica: «Ma non potevi usare un preservativo?» E lei ti risponda candida: «Ma non li fanno di quelle dimensioni!»

Ti auguro che tuo figlio ti annunci: «Papà, indovina chi viene a cena?» e tu pensi con terrore a una fotomodella dello Zaire, e invece è un minatore dello Zambia.

Ti auguro di sentirti male mentre sei in vacanza a Casablanca e che all'ospedale preparino la sala operatoria per trasformarti da rude montanaro a leggiadra attrice di varietà. E tu cerchi di spiegare che non è quello il motivo del ricovero, ma loro non parlano la tua lingua e tu non parli arabo, che peccato!

Ti auguro di andare allo stadio a vedere la partita Italia-Camerun e mentre sei in curva l'Italia segna e tu dici: «Tié negri di merda» ti accorgi che hai sbagliato curva, dando così la possibilità agli ultras di fare l'unica cosa giusta della loro vita: romperti il culo.

E per finire ti faccio anche un augurio per l'anno che verrà tra duemila anni: spero che ti possano clonare grazie a una molecola di merda e spero che ti ritrovi in un mondo dove tutti sono bianchi come il latte e solo tu sei marrone, viste le tue origini, e non odori neanche un granché.

Buon anno nuovo, caro il mio Bernardo.

Il tuo ex compagno di scuola

Ore 14

Le radiovendite di Awanga Marki

Eccomi qua, cari ascoltatori, puntuale al mio quotidiano appuntamento con i consigli per gli acquisti. Sono la vostra Awanga Marki e vi propongo qui in diretta una nuova, straordinaria occasione a cui non potrete rinunciare.

Quest'oggi ho tra le mani un'offerta incredibile, mai vista, riservata alle ascoltatrici di colore! Sì, avete capito bene, oggi mi rivolgo alle donne nere e in particolare proprio a lei, cara signora qualsiasi che vive in una capanna qualsiasi di uno sperduto villaggio qualsiasi, con due o tre bambini qualsiasi, be'... non proprio qualsiasi, diciamo i suoi figli, d'accordo?!

A lei, signora, è rivolta questa offerta straordinaria a cui non potrà rinunciare, perché non si tratta di vendere ma di re-ga-la-re! Sì, proprio così, cara signora, lei potrà scegliere nel catalogo la malattia che preferisce e la potrà avere GRATIS!

E non sto parlando di raffreddore o di orzaiolo, no! Lei potrà scegliere tra le malattie migliori: l'Aids, il colera, l'ebola, tutta roba di primissima scelta! Roba che in Europa se la sognano. E non si tratta di cosette di cui uno non sa che farsene, come la robaccia americana tipo stress, colite, gastrite, ulcera, cosette del genere! No, cara donna nera qualsiasi, noi le offriamo solo roba originale e certificata.

Ad esempio la diarrea: pensi che bella figura farebbe con le sue amiche! Le invita a casa e fa trovare loro un mare di merda: pensi all'invidia che proverebbero! E lei potrà dire con orgoglio: chi la fa l'aspetti.

E non basta, cara signora, noi le offriamo Aids originale, conclamato! Non l'HIV, quella roba pediatrica, da sieropositivo. No! Nel nostro catalogo solo roba forte, come si dice: buon sangue non mente!

E in più, se telefonerà entro i prossimi 5 minuti, avrà diritto ad avere, con il 70% di sconto, il morbillo per i suoi bambini. E parliamo del morbillo vero, non quello degli occidentali che guarisce in pochi giorni, questo è quello che non passa più! Pensi a come starebbero bene i suoi bambini a pois: quest'anno è di gran moda.

E se invece del morbillo preferisce per i suoi bambini qualcosa di diverso, non ha che l'imbarazzo della scelta. Le possiamo offrire tubercolosi, cecità, rachitismo, denutrizione: tutto con due anni di garanzia e dimostrazione gratuita!

Ma non finisce qui: se telefona entro i prossimi 4 minuti, potrà usufruire della fantastica «offerta-famiglia», particolarmente adatta per nuclei familiari numerosi. L'offerta prevede infatti la malaria per tredici persone al prezzo di una!

Ma non basta! Ci vogliamo veramente rovinare e allora, se telefonerà entro i prossimi 3 minuti, le daremo anche «l'offerta-villaggio»: una bella e-pi-de-mia! Cosa aspetta, signora? Le offriamo la possibilità di contagiare velocemente e gratuitamente tutta la gente che vuole: parenti, amici o anche semplici conoscenti. In un colpo solo avrebbe risolto il problema dei regali di Natale e di Pasqua! E guardi che non stiamo parlando di epidemie di epatite virale, quelle robette semplici. Noi abbiamo epidemie garantite e certificate: soddisfatti o rimborsati, signora mia!

Comunque, se in famiglia ci fosse qualche testone, qualcuno con la testa dura diciamo, particolarmente contrario alla malattia, per non fargli perdere il piacere di soffrire abbiamo le mine antiuomo! Come si dice: chi non ha testa ha gambe, ma con le nostre mine antiuomo vedrà che non le avrà più!

E infine, signora, l'ultima fantastica occasione che le proponiamo: se telefona entro i prossimi 2 minuti avrà diritto ad avere gratis, con solo un minimo contributo di spese di spedizione, il virus EBO-LAAAAA! Questa è veramente un'offerta straordinaria: ebola fulminante, con garanzia scritta di morte in tre giorni! Per lei, signora, questa è l'occasione per far finalmente felici i suoi bambini. Lo faccia per loro, cara donna nera qualsiasi: quindici milioni di orfani in Africa e i suoi figli tengono ancora la mamma! Non si vergogna? Ma pensi a che figura ci fanno a scuola, di fronte ai loro compagni orfani ormai da anni! È ora di finirla!

Lo faccia per loro, signora: muoia! Ci telefoni subito, e noi le risolveremo il problema senza costi aggiuntivi! Ci telefoni subito, o rischia di perdere questa occasione veramente irripetibile!

Ci telefoni ora! D'accordooooo?

E il telefono della redazione squilla.
E poi squilla ancora, e ancora, e ancora...

Ore 15

Le grandi inchieste
«Punti di vista» - Terza puntata

E ora cari ascoltatori eccoci alla terza puntata della grande inchiesta intitolata «Punti di vista», in cui analizziamo come reagiscono a stimoli uguali razze diverse.

Abbiamo visto nelle scorse puntate come sia l'adulto che il bambino maschio della razza bianca ottengano risultati molto migliori dell'adulto e del bambino della razza nera, pur partendo da situazioni simili.

In questa terza puntata prendiamo in considerazione il sesso femminile, e mettiamo a paragone due ragazzine di razze diverse. Naturalmente, per rigore scientifico, abbiamo scelto due ragazzine assolutamente identiche come età, statura e numero di scarpe, e le abbiamo messe nella stessa situazione: l'impatto col primo giorno di scuola. Vedrete come la bambina nera fallisce la prova, mentre quella bianca ne esce serenamente e con successo.

Lasciamo a voi le conclusioni. Noi, come studiosi e scienziati, ci asteniamo da ogni commento.

Olivia e Amria

Sono le sette. La mamma per svegliarmi apre la finestra e mi accende la tv: a quest'ora c'è il cartone animato!	Sono le sei. Siccome non tengo la finestra a quest'ora ci svegliamo tutti, anche papà che dorme in uno scatolone: quando si stira lo fa muovere tutto e noi lo chiamiamo il cartone animato!
Faccio la colazione, devo stare attenta a bere solo il latte di capra perché sono allergica.	Se fossi allergica alla capra da mo' che ero morta: da quando sono nata dormo con le pecore e gli agnelli nel letto.
In cinque minuti mentre la mamma lava le tazze della colazione faccio il bagno.	Ci metto un'ora e mezza per andare a prendere l'acqua: il pozzo sta a sette chilometri di distanza, e intanto faccio il bagno di sudore.
Guardo fuori, è una bellissima giornata di settembre e non piove.	Guardo fuori, è da quattro anni che non piove.

Con lo scuolabus ci vuole un quarto d'ora per arrivare a scuola. Poi c'è da attraversare la strada: è un po' pericoloso... ma l'autista ci accompagna.	A piedi ci vuole più di un'ora per arrivare a scuola, perché c'è da attraversare la savana: è pericoloso... e basta.
Lo zainetto con i libri e i quaderni è molto pesante, la mamma dice che può far venire la scoliosi.	Lo zainetto con i libri non lo tengo, però grazie a Dio tengo la scoliosi per via del fatto che porto l'acqua sulla testa tutti i giorni.
Studiare è importante, ti permette di diventare colto e ricco.	Studiare sarebbe importante: un ignorante povero è un ignorante, un ignorante ricco è un ricco.
Nel panierino della merenda doppia sorpresa: l'ovetto al cioccolato con dentro un gioco.	Nel panierino della merenda doppia sorpresa: non ci sta niente! Perché doppia? Perché non ci sta niente neanche domani.
Nel giardino della nostra scuola c'è un albero che fa una bellissima ombra.	L'ombra di un bellissimo albero è la nostra scuola.
Noi bambini della prima elementare abbiamo	Noi abbiamo un solo maestro che di classi ne

quattro maestri più uno di sostegno.	tiene cinque senza sostegno: è da sei anni che non piglia lo stipendio.
Sento che questo primo giorno di scuola sarà il primo di un bel periodo di studi.	Sento che questo primo giorno di scuola forse sarà anche l'ultimo, come capita al 50% dei miei coetanei.
Alla fine della lezione corro fuori: mi aspettano mamma e papà.	Alla fine della lezione corro al villaggio: mi aspetta una giornata di merda.

Ore 16

Gli incontri dello spirito

Buon pomeriggio a tutti, cari ascoltatori, qui è la vostra Suor Prendente che vi parla da Radio Tele Canto e Tele Suono.

Eccoci come ogni giorno al consueto appuntamento con la nostra rubrica religiosa, che porterà una parola di fede nelle vostre case, fratelli bianchi, e perfino nelle vostre capanne, fratellastri neri, miscredenti e senza Dio!

Quest'oggi ho deciso di leggervi alcuni brani di un testo molto interessante: si tratta di un apocrifo ritrovato nel 1212 e ci riguarda tutti da vicino, visto che narra di un sedicente Gesù nero! Ascoltate tutti, quindi!

DAL DIARIO DI SAN GIUSEPPE

25 dicembre 0000
Caro diario, è nato, l'abbiamo chiamato Gesù, è negro!

Maria quando l'ha visto mi ha chïamato e mi ha detto: «Peppino, ti ricordi quando ti ho parlato della colomba? Be', mi ero sbagliata, non era una colomba, era un corvo».

E pensare che io avevo avuto un presentimento, quando per l'annunciazione si era presentato l'arcangelo Mandingo: uno così spiritoso che tutti lo chiamavano Idris.

Allora ho telefonato a Gabriele e gli ho detto: «Gabbriè io t'agg'a parlà del tuo collega, perché qua è nato Gesù e…!»

Ma quello subito mi ha interrotto gridando di gioia: «Evviva, alleluia, è nato il figlio di Dio». «Perché», ho detto io, «Dio è extracomunitario?»

E quello niente, tutto eccitato urlava: «Lui è la luce!»

E io: «Sì, ma ne ha presa troppa, è sovraesposto! Insomma, Gabbriè, questo è un problema grosso, lo vuoi capire? A parte il fatto che me l'hanno fatto nascere senza nemmeno il permesso di soggiorno, ma mò il presepe come lo facciamo? Io non ho niente contro quelli di colore, ma siamo realistici: se nella mangiatoia ci mettiamo il bambinello nero so' sicuro che rimangono tutti delusi, peggio che per la Ferilli quando la Roma ha vinto lo scudetto!»

E Gabriele: «Ma stai calmo Peppino, tu esageri, magari non se ne accorge nessuno…»

E invece se ne erano già accorti tutti, e si erano pure messi a fare gli spiritosi: i pastori portavano le pecore nere, gli angeli invece di cantare alleluia facevano il coro: «È nata 'nu criatur' è nat'nir, 'a mamma o chiamma cir, è nir' nir' cumm'a cchè!»… Non ti dico che casino: la donna con la brocca in testa ha fatto cadere la brocca per le risate.

Ma c'era anche chi non rideva, anzi! La cometa, saputa la notizia, non si è neanche fermata: «Questa è una fermata a richiesta», ha detto, e ha tirato dritto.

Non ti dico poi quando sono arrivati i magi! Gaspare appena l'ha visto è sbottato: «Oddio!» «Che c'è?» ha risposto Gesù. E anche Baldassarre è sbottato: «Uh, Madonna!» «Che c'è?» ha detto Maria, e io l'ho fulminata con lo sguardo. «Marì, per piacere, non ti ci mettere pure tu, che qua già stiamo inguaiati!» Melchiorre era il più scocciato: «Tutta 'sta strada per un negro!» ha detto, e io mi sono un po' risentito, e gli ho fatto notare che pure Baldassarre è nero. «Sì, ma lui è il re!» hanno risposto loro. E poi, prima di andarsene, si sono messi a cantare il blues: *Magic moments*, per l'esattezza.

E siccome il paese è piccolo e la gente mormora e non si fa mai i c… suoi, dopo due ore la notizia la sapevano tutti! E qui sono cominciati i guai veri. Infatti, telefona Gabriele e mi dice: «Peppino, devi scappare! Erode ha sentito di tuo figlio e ha deciso di uccidere tutti i neri». E io ho detto: «O poveri neonati!» «Ma quali neonati, Peppì? Quello ha deciso di eliminare tutti i neri, ma proprio tutti! Ha detto che tanto vale fare un lavoro fatto bene! Che vuoi fare, quello è fatto così!» «E mica solo lui!» ho detto io, e già mi chiedevo dove potevamo scappare. Ma Gabriele ha avuto un'idea: «Peppino dovete andare in Africa! Là è pieno di negri e Gesù si può confondere!»

Credo proprio che abbia ragione e così stasera partiamo per l'Africa.

Io e la mia famiglia saremo i primi e ultimi immigrati alla rovescia!

17 marzo 0001

Caro diario, oggi finalmente siamo sbarcati in Africa. Credevamo di non farcela, perché quando eravamo ancora lontani dalla costa gli scafisti ci hanno buttato a mare. Se non c'era Gesù che camminava sulle acque affogavamo di sicuro!

Poi alla frontiera ci hanno fermato i doganieri e guardando Gesù mi hanno chiesto: «Lei è il papà?»

«Chi?» ho risposto io.

«Lei!» hanno ripetuto loro indicandomi.

«E che so' nero io?» ho risposto.

«No!» hanno ammesso loro.

«E allora che cazzo di domanda è? Io so' padre putativo!»

«E che significa?» hanno chiesto loro.

«Nun l'aggiu capito mai», ho risposto io.

Poi il doganiere capo indicando Gesù ha detto: «Non siamo contenti di fare entrare i neri nel nostro Paese».

«Manco in Africa?» sono sbottato.

E Gesù, che è nero ma ci sente bene, ha detto: «Quando sarò grande vedrete!»

«Se ci arrivi a essere grande!» lo ha schernito il doganiere.

«Quando sarò nel Regno dei cieli ve ne accorgerete!» ha insistito Gesù che è nero e pure capoccione.

«Non ti preoccupare, ci sarai molto prima di quanto pensi!» hanno concluso loro.

Se il buongiorno si vede dal mattino, caro diario, ci aspettano anni duri!

Luglio 0030

Caro diario, come volevasi dimostrare!

Ne abbiamo passate di tutti i colori, ma è soprattutto il colore di nostro figlio che c'ha dato un sacco di problemi! Lui poverino si è sempre sentito perseguitato e maltrattato, tanto da farne una malattia. Mi ricordo che una volta, al suo compleanno, si sentì male perché la Madonna per il cenone aveva cucinato i tortellini Fini. E io gliel'ho detto a mia moglie: «Marì, ma che ti viene in capa? Lo sai che i Fini non li digerisce, ma soprattutto Fini non digerisce a lui!»

E anche da adulto non ha avuto vita facile: perfino i discepoli, africani e più neri di lui, gli creavano problemi.

Lui diceva: «Vi libererò dalle catene come Mandela, come Martin Luther King, come Malcolm X». E quelli, ignoranti: «E chi è 'stu Malcolm X? Il pareggio tra Mandela e Luther King?» E giù tutti a ridere, perché i neri so' ignoranti assai!

Lui diceva: «Vi farò pescatori!» E quelli subito a protestare: «Io volevo fare il geometra, io il cantante rock!» E anche se lui chiariva: «Non avete capito, vi farò pescatori di uomini!» Quelli continuavano a protestare: «Be', se ci fosse anche un po' di figa non sarebbe male!» Perché i neri so' animali assai!

E benché lui predicasse l'amore, non ne riceveva mai.

Lui diceva: «Amatevi l'un l'altro» e subito fioccavano le critiche: «Negro, ebreo e pure ricchione!»

Lui diceva: «Gli uomini sono tutti uguali, non c'è differenza tra un bianco e un nero». E subito tutti: «'O cazz... La differenza c'è: è l'estremità del manganello!»

Lui diceva: «Pietro, tu sei Pietro e... a proposito questa pietra che mi è arrivata in faccia, chi l'ha tirata?»

E neanche il fatto che iniziò a fare miracoli lo mise al riparo dal pregiudizio.

Quando trasformò l'acqua in vino, alle nozze di Cana, i razzisti chiamarono i Nas che vennero e lo denunciarono per sofisticazione.

Quando ridette la vista al cieco, quello aprì gli occhi, lo guardò e disse: «Amico hai sbagliato diaframma, vedo tutto nero».

Quando disse a Lazzaro: «Alzati e cammina», quello subito se la prese: «Cammina tu, negro! Gli ordini li vai a dare a casa tua è chiaro?»

Lui ha sempre subito tutto, in silenzio, ma adesso non ce la fa più! E infatti ieri, mentre pensava che io non lo vedessi, ha preso una brocca d'acqua, l'ha trasformata in vino (rigorosamente bianco), e l'ha bevuta tutto d'un fiato... Per dimenticare!

Ore 17

«Più cani più belli» - Rubrica zoologica con telefonate da casa

Eccoci qua, amici ascoltatori, sono Angelo Longobardi, l'amico degli animali, pronto, come tutti i giorni, a rispondere alle vostre telefonate da casa.
Avete un dubbio scientifico, una curiosità da risolvere, un quesito zoologico da porre? Non esitate: telefonate qui a Radio Tele Canto e Tele Suono, e io vi risponderò personalmente!

Ed ecco che già squilla il telefono, sentiamo chi c'è in linea:
- *Pronto, ciao chi sei e da dove chiami?*
- *Buongiorno, professor Longobardi, sono Carmen, e chiamo da casa.*
- *Ciao Carmen, cosa stai facendo di bello?*
- *Be', in questo momento sto cucinando per Oronzo, mio marito: oggi gli faccio pasta e licheni e la renna fritta impanata...Volevo fare anche il casatiello di foca, ma non lo voglio appesantire troppo, perché oggi deve fare gli esami per il rinnovo della tessera della Lega polare: gli tocca rifare l'esame di eschimese e l'abilitazione alla guida della slitta! Io però ho telefonato perché ho bisogno proprio del suo con-*

siglio, professor Longobardi. Ieri per strada ho trovato un cucciolo...

- *Un cucciolo! Che bellezza, e di che razza?*
- *Di negro!*
- *Sì, sì, certo, ma di che razza esattamente? Che so, masai da caccia? Somalo da soma?*
- *Be', il veterinario ha detto che potrebbe essere un tanzano arlecchino di circa tre anni...*
- *Ahhh, che bellino, sono ancora bellini a quell'età. Certo poi crescono! Però sono affettuosi. Lo so perché io ne tenevo due da caccia...*
- *Setter?*
- *No, solo due, si chiamavano Mimì e Cocò, e cantavano il blues in maniera fantastica! Anzi guarda Carmen appena puoi fagli fare anche al tuo l'analisi del sangue per vedere se tiene il ritmo nelle vene! E comunque complimenti, hai fatto bene a prenderlo, perché i neri si sa che sono i migliori amici dell'uomo.*
- *Be', io veramente non lo volevo un nero per casa. Però che potevo fare? Questo l'aveva preso l'accalappianeri e lo stava portando al negrile! A me dispiaceva, però adesso sono pure preoccupata. Io non ho pratica di neri, per questo volevo un consiglio da lei, sapere cosa devo fare...*
- *Be', certo Carmen, un cucciolo è un impegno eh! Lo devi portare fuori, lo devi far correre, quelli sono abituati nella savana, lo devi portare al parco. Però non ti preoccupare, perché il tuo è facile da allevare. Se avevi preso, che so, un negro da*

valanga, con la botticella appesa al collo, c'hai presente?...

- *Quelli alcolizzati?*
- *Ma quale alcolizzati? Quelli che vanno sulla neve, che sono comodi perché sulla neve si vedono bene, però danno più problemi a tenerli, perché li devi portare fuori anche col freddo... Comunque, Carmen, ascolta: gliel'hai messa la cassettina per i bisogni?*
- *La cassa?*
- *Ma no...*
- *La cassa per il mezzogiorno?*
- *Ma no, la cassettina con la sabbia! E sarebbe meglio metterci pure due palme, per il rispetto dell'habitat.*
- *Ah, ma quella gliel'ho messa subito, nel bagno!*
- *Ma no, Carmen, sei matta? Fuori gliela devi mettere, fuori! Non farli entrare in casa perché sporcano. Fosse per loro starebbero sempre in casa, a riposare sul divano. Pensa che i miei volevano addirittura dormire nel letto matrimoniale, e mia moglie li lasciava fare, perché si era affezionata, ma io non sono mai stato d'accordo. Io ti consiglio di addestrarlo bene, e vedrai che viene bravo: i miei portavano il giornale e le pantofole. Certo, alcuni sono più portati e altri meno. A volte il giornale e le pantofole li rubano. Pure al parco, se tu tiri il bastone, alcuni lo riportano, alcuni lo rubano. Una volta ho visto un negro di 3, 4 mesi mentre l'accalappianegri lo stava catturando: era*

un ruandese mordace da guardia, sai quelli che al-
levano per i combattimenti...
- *Un tuzbul!*
- *E brava! Be', questo tuzbul di 4 mesi, ha unito i*
fili del furgone e ha rubato il furgone! È più for-
te di loro a volte, è proprio istinto. Lo dico da
studioso, cara Carmen.
- *Be', ma non sono tutti così...*
- *Sì è vero, ma sono cose che si vedono soltanto nei*
film americani. Noi teniamo Rex e loro tengono i
negri poliziotti. Vanno molto di moda, ma vedrai
che poi finisce la moda e non sanno più dove met-
terseli. Comunque dammi retta: tienilo sempre al
guinzaglio quando esci. Una mia studentessa te-
neva un somalo terrier, non l'aveva mai addestra-
to e ogni volta che il somalo vedeva una donna
bianca si aggrappava alla gamba zic zic zic...
- *Oh, mamma mia! Se questo fa così io me ne li-*
bero subito...
- *Ehhhh, ma guarda che anche questo non è facile da*
farsi. Io per esempio Mimì e Cocò li ho abbando-
nati in autostrada decine di volte, e quelli tornava-
no sempre a casa. Finché non mi è venuta l'illumi-
nazione. Sai dove sbagliavo? Li lasciavo sempre più
a sud di casa e quelli seguivano la loro bussola na-
turale: puntavano dritto a nord e ritrovavano sem-
pre casa. Una volta li ho lasciati più a nord: fregati!
- *Me ne ricorderò, professore, grazie del consiglio.*
E per adesso cos'altro devo fare?
- *Be', prima di tutto devi mettergli la medaglietta.*

- E che ha fatto di eroico?
- Ma no, Carmen, intendo la medaglietta al collare.
- Ma lui non sopporta il collare!
- Allora gli devi fare il tatuaggio.
- Il piercing?
- Ma no, il tatuaggio, il numero! E glielo devi fare bianco, perché se no non si vede, e sotto l'ascella. E lo devi anche lavare spesso; si sporcano continuamente, anche se c'è da dire che lo sporco non si vede tanto, per via del loro colore, quello è l'unico vantaggio.
- Io veramente ho un po' paura a lavarlo, perché mi morde…
- Ti morde? Ma… scusa, gli dai da mangiare?
- No.
- E glielo devi dare! Poco, perché sono abituati così, ma glielo devi dare. Vedrai che se gli dai da mangiare quello non morde più. Compragli gli alimenti appositi, le scatolette di cibo per animali, tipo whiskas, kit e kat, ki t'è muort', queste cose qui.
- Grazie, professore, lo farò. E poi, scusi, un'ultima cosa. Lei pensa che sia il caso di farlo riprodurre?
- Be', una volta sì, ma non prima dei quattro anni perché se no si rovina il pelo. Dopo però devi assolutamente farlo castrare! E non aspettare, perché in un paio di anni questi sono capaci di fare centinaia di cuccioli! Pensa che io avevo una femmina piccolina, una pigmea da salotto, hai in mente?
- Carini… quelli che stanno sui cuscini!

- *E brava! Be', sai quanti cuccioli mi ha fatto? Settanta. Qualcuno l'ho regalato, ma la maggior parte li ho dovuti affogare. Chi li vuole settanta cuccioli di negri? Nemmeno Crudelia Demon! Fossero a pois, ma sono negri! Dammi retta, fallo castrare o ti ritrovi nei guai. Guarda che vanno in calore fino a settanta, ottant'anni, senza sosta. Come si avvicinano a una femmina, zicchete, zacchete, e le femmine fanno centinaia di migliaia di uova.*
- *Uova?*
- *Ma certo, uova ovunque, peggio di Alien! E invece tu li porti dal veterinario e risolvi il problema. Io ho fatto così, anche se loro non volevano: il veterinario gli ha messo la museruola, e in un attimo: zacchete, tutto fatto!*
- *Va bene, professore, allora farò come dice lei che è un esperto. Io invece non ci capisco niente con questi negri, non so da che parte cominciare.*
- *Tranquilla, Carmen, non è così difficile farsi ubbidire da loro! Ricordati che i negri dentro sono uguali a noi!*
- *Davvero? Lo dico subito a Oronzo! A lui questo cucciolo piace, ma il colore nero lo intristisce… Se lei ci assicura che dentro sono come noi allora lo possiamo rigirare! Grazie, professore, e arrivederci!*

Ore 18

Le grandi inchieste
«Punti di vista» - Quarta puntata

E ora cari ascoltatori eccoci alla quarta puntata della grande inchiesta intitolata «Punti di vista», in cui analizziamo come reagiscono a stimoli uguali razze diverse.

Questa volta mettiamo a confronto due giovani donne che si recano a fare la spesa. Una situazione banale e quotidiana, appositamente studiata dai ricercatori per venire incontro alle limitate capacità dei concorrenti di colore.

Eppure anche questa volta la rappresentante della razza nera fallisce miseramente la prova, la stessa che la donna bianca supera senza alcuna difficoltà.

Anche questa volta, come studiosi e scienziati, ci asteniamo da ogni commento.

Paola e Pauline

Mi chiamo Paola, ho 2 figli, vivo a Roma e sono stata sposata due volte: sempre per amore.	Mi chiamo Pauline, ho 7 figli, vivo ad Addis Abeba e sono stata venduta tre volte: sempre per 3 capre.
Il mio secondo marito è un industriale.	Il mio terzo compratore è un pastore.
Adesso lavoro con lui: sono sua socia.	Adesso lavoro per lui: sono sua schiava.
Oggi è lunedì, giorno di spesa per me. Gli altri giorni non ho mai tempo.	È lunedì, giorno di fame per me. Ma pure gli altri giorni non scherzano.
Come al solito non trovo mai una moneta per prendere il carrello.	Se io metto una moneta nel carrello poi non posso più fare la spesa.
Ecco il banco macelleria: noi mangiamo solo carne biologica.	Niente banco macelleria: noi ci mangiamo già il fegato tutti i giorni.
Io controllo sempre l'etichetta: potrebbe esserci qualcosa di scaduto.	Io mi fido, senza controllare: tanto a noi ci mandano solo cose scadute.

sport
africani

gli stivali
non ci sono,
il cavallo non c'è,
la mazza manca,
la palla
non esiste...
POLO SUD

free
climbing

sci

**l'Africa
in discesa
libera**

sci
nautico

lo sforzo
è non affondare
in un mare
di merda

tuffi

**carpiato doppio
per un salto
nel vuoto**

nuoto

suor
Prendente

stendeteli ad asciugare all'ombra se no scoloriscono

una generazione appesa a un filo

ci stiamo
mangiando
l'Africa

l'Africa
sta prendendo
una brutta
piega

non sbagliate
il candeggio!!!
Non usate
«Omino nero»

CAPANNA

 SCUOLA

 OSPEDALE

 POZZO

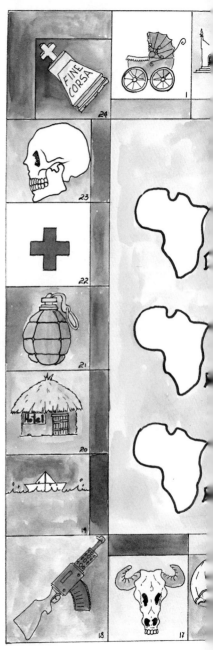

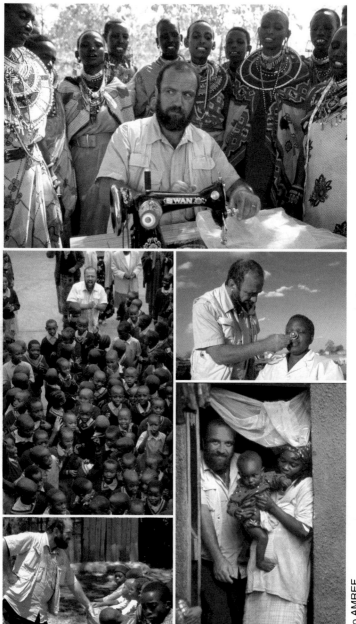

foto AMREF

Io sono a dieta: per me compro prodotti light.	I prodotti che compro io sono talmente light che non esistono.
Anche mia figlia è a dieta: non la faccio mai mangiare fuori pasto.	Io le mie figlie non le faccio mangiare neanche a pasto.
A mio figlio invece compro le barrette energetiche: ne basta un'unghia per sfamarsi.	I miei figli è da mò che si mangiano le unghie, ma niente... non si sfamano!
Adesso scappo: devo fare manicure e pedicure.	Peccato che non posso scappare: devo fare l'infibulazione.
Arrivederci!	Addio!

Ore 19

«Un'ora in Pretura» - Cronaca in diretta di grandi casi giudiziari

E ora, cari ascoltatori, ci colleghiamo col Palazzo di giustizia da cui trasmettiamo in diretta le fasi salienti del processo che si sta celebrando a carico del cavalier Ciro, nostro insigne patriota.

In questo momento inizia l'arringa dell'avvocato della difesa.

Signori della corte e signori della giuria,

sono qui per dimostrare senza ombra di dubbio che il mio cliente, il cavalier Ciro, è innocente di tutte le accuse. Tutto quello che ha fatto l'ha fatto per amore, solo e sempre per amore!

Prima di tutto per amore della scienza, perché il mio cliente è uno scienziato eccezionale, capace di cose miracolose. È capace di ridare la vista ai ciechi e perfino di far tornare il Napoli in serie A. Ma fa anche di meglio! Lascia i ciechi cecati, così non vedono il Napoli che resta in serie B!

Uno scienziato eccezionale, ma è logico che ha bisogno di sperimentare le sue invenzioni!

Ed è per questo che ha aperto la sua fabbrica di medicine qui in Africa! In questo modo lui può sperimentare le sue medicine sugli africani, e se queste medicine (per puro culo) funzionano, gli africani non muoiono: cioè, non muoiono per colpa delle medicine del mio cliente, ma muoiono per motivi loro, che ce ne hanno tanti!

Ma pensate cosa è riuscito a inventare grazie alla sperimentazione: ha messo a punto una pillola per non invecchiare! L'ha sperimentata lui personalmente su una sarta ugandese e la ragazza infatti non è più invecchiata! Certo, è morta a 23 anni, ma volete odiarlo per questo? L'amore per la scienza val bene qualche sacrificio!

Senza sperimentazione non avrebbe potuto mettere a punto i suoi straordinari cerotti per non fumare: sono a base di uranio impoverito e funzionano perfettamente. Il mio cliente, che li chiama con un pizzico di civetteria i CIROTTI, li ha messi a un meccanico somalo e quello si è preso subito il cancro ai polmoni: e col cancro che cazzo vuoi fumare!

E che dire della pillola per la calvizie? Ne basta una e ti pettini per tutta la vita con la pelle di daino! Diecine di ragazze del Congo oggi si lavano la testa senza bagnarsi i capelli, grazie alla sperimentazione del mio cliente.

Ma pensate poi al valore scientifico del suo Viagral! Un farmaco rivoluzionario grazie al quale il pesce diventa duro come il marmo. Certo, anche in questo caso c'è qualche controindicazione: ad alcuni nigeriani, su cui lo ha sperimentato, il pesce si è riempito di calcare, ad altri si è spezzato perché aveva perso di elasticità, ma sono dettagli!

E non parliamo poi dei preservativi di Ciro, che sono a norma col pensiero cattolico sulla procreazione; lui li fa già tutti bucati, pensate la sensibilità di quest'uomo, signori della corte e signori della giuria.

Ma il fiore nell'occhio della sperimentazione scientifica del mio cliente sono senza dubbio gli organismi geneticamente modificati! Mentre il resto del mondo era fermo alla pecora Dolly il mio cliente era già arrivato alla clonazione doppia: due pecore in un colpo, e le ha chiamate Dollby Stereo. E non era che l'inizio, signori della corte. Subito dopo il mio cliente ha preso la foca monaca, gli ha aggiunto il Dna di Deborah e ha ottenuto la foca zoccola, eliminando il rischio di estinzione, perché quella produce migliaia di fochini! Poi ha inserito il Dna di una cocozza in un maiale, ed ecco pronto prosciutto e melone direttamente! Grazie all'incrocio tra uno spinone e un nasello è riuscito a produrre direttamente lo spinello: così i ragazzi si possono fumare i bastoncini di pesce con tranquillità.

E a forza di sperimentazioni il mio cliente ha anche ridimensionato il problema della mucca pazza: lui ha prodotto maiali idioti, sofficini cretini, tacchini deficienti e carciofi rincoglioniti. Certo, il problema della mucca pazza rimane, ma che colpa ne ha il mio cliente se le sue mucche invece di mangiare l'erba se la fumano? Comunque non sono pazze, al massimo scapestrate! Ma lui la legge la rispetta, e quando lo Stato gli ha ordinato di ammazzare tutti i capi di bestiame lui l'ha fatto. Peccato che a capo del bestiame teneva un ragazzo del Senegal a cui era affezionato! Però l'ha abbattuto lo stesso: *dura lex sed lex*.

Ma nonostante ciò, gli africani dovrebbero comunque essere grati al mio cliente, il quale ha l'unica colpa di essersi prodigato per migliorare la qualità della vita, la sua prima di tutto, ma anche la loro. Pensate infatti, signori della giuria, ai vantaggi che gli stessi africani possono ricavare dalle modificazioni genetiche del mio cliente: ci saranno negri con la pelle di daino che possono lavare i vetri ai semafori a mani nude; negri con le piante dei piedi in flanella che mentre camminano per la casa passano pure la cera; negri alti trentacinque centimetri che su un gommone possono entrarci anche in cinquecento o seicento; razze di bambini nuovi, più resistenti, capaci di lavorare diciannove ore al giorno senza stancarsi; bambini negri con l'anoressia, che sono lo stesso secchi ma almeno non si lamentano.

E non è un caso che i bambini siano spesso oggetto delle attenzioni del mio cliente. Voglio infatti ricordarvi, signori della giuria, che l'amore per la scienza del mio cliente è secondo solo al suo amore per i bambini!

È per amore loro che il signor Ciro ha aperto la sua famosa fabbrica di giocattoli proprio in Africa, dove si possono far lavorare i bambini. E così il bambino fabbrica il giocattolo e il giocattolo viene consumato dal bambino... come si dice: dal produttore al consumatore! Certo, non è che lo stesso bambino che ha costruito il giocattolo poi ci gioca, perché lo sanno tutti che il bambino africano lavora senza essere pagato, e quindi come se lo potrebbe pagare il giocattolo quel morto di fame? Ma che c'entra questo con il mio cliente? Non potete odiarlo per le tristi regole del mercato di cui lui non ha alcuna colpa.

Pensate invece ai suoi meriti, pensate che giocattoli fantastici si è inventato proprio per amore dei bambini africani. È lui che ha inventato *Il piccolo nomade*, una scatola bellissima che quando la apri dentro trovi un cartello con su scritto: «Ho 4 fratelli, ho fame, per favore fatemi l'elemosina». È lui che ha inventato *L'allegro viados*, dove con una pinzetta bisogna strappare le palle a un omosessuale: se non grida avete vinto. E anche *L'allegro chirurgo*, un gioco con il quale ci si può allenare a fare trapianti di reni e di fegato. E cosa dire del *Piccolo muratore*? Questa scatola meravigliosa che quando la apri dentro ci sono quattro cazzuole e un vecchio numero del «Corriere dello sport» col quale i quattro piccoli giocatori possono costruirsi un cappello di carta e andare a rifare l'intonaco in giro per il mondo. E non parliamo della Barbie! Lui non fa le solite Barbie banali, come la Barbie col camper o la Barbie al ballo, che non piacciono al piccolo africano. Lui produce la Barbie zoccola e la fa negra, così la puoi gonfiare di mazzate senza che nessuno ti dica nulla, e ha perfino il riconoscimento vocale, così se ti riconosce ti fa pure lo sconto.

Giocattoli fantastici, signori della corte, nati dal grande amore del mio cliente per i bambini. Questa è la sua unica colpa: quella di amare i bambini, e voi volete accusarlo per questo trasporto? Trasporto di bambini dall'Africa all'Italia, per essere esatti, ma perché odiarlo per questo? Lo accusate di traffico di organi, ma pensate al traffico a Napoli: in via Duomo non si circola, questi sono i veri problemi del traffico, non il traffico di organi! E poi perché usare questo termine dispregiativo: «traffico»! Il mio cliente non traffica, importa. L'organo non è come la coratella che vai dal macellaio e la compri. Trovare organi sani al giorno d'oggi è un problema. In Africa i bambini fumano a quattro anni, bevono a cinque, si drogano a sei. Come si pretende che il bambino abbia poi i reni e il fegato a posto? Se il bambino non è salvaguardato, l'organo non vale niente e non si può più neanche fare il trapianto. Lo sforzo del mio cliente è quello di fare arrivare il bambino quanto più fresco possibile, imbarcandolo sui suoi pescherecci e tenendolo nel ghiaccio insieme ai merluzzi così che l'organo non si rovina, anche se a volte c'è da dire che il bambino si lamenta.

E solo per questo vogliamo far condannare questo pover'uomo? Per questi dettagli vogliamo disprezzare e odiare un galantuomo, un benefattore, uno scienziato di tale levatura? No, signori della corte, certo che no! Ed è per questo che propongo a questa corte di avanzare istanza di beatificazione per il mio cliente. Perché è lui, signori della corte, il vero santo del nostro tempo, lui e tutti i cavalieri Ciro di cui siamo amici, soci, compagni, parenti o anche solo avvocati, come, modestamente, sono io.

Grazie a tutti.

Ore 20

Le grandi inchieste
«Punti di vista» - Quinta puntata

E ora cari ascoltatori eccoci alla quinta puntata della grande inchiesta intitolata «Punti di vista», in cui analizziamo come reagiscono a stimoli uguali razze diverse.

Abbiamo ormai appurato che i bianchi, di qualsiasi sesso ed età, sono nettamente più preparati dei loro omologhi neri, in qualsiasi situazione.

Ma a questo punto dobbiamo chiederci: perché i negri affrontano la vita in maniera così negativa? È stato dimostrato che un atteggiamento positivo è fondamentale per diventare un vincente, eppure loro sembrano ignorarlo.

Noi riteniamo che tale radicato atteggiamento perdente e negativo abbia un'origine genetica.

Per dimostrarlo mettiamo adesso a confronto due bambini che stanno per nascere. L'ambiente non li ha ancora influenzati in alcun modo, eppure i loro caratteri sono già strutturati.

Vediamo come.

Gianfilippo detto Giangi e Kadua

Mi chiamo Gianfilippo, sto per nascere in Italia.	Mi chiamo Kadua, sto per nascere in Uganda.
La mia mamma è stata femminista e cantava: «L'utero è mio e lo gestisco io».	La mia mamma non cantava, ma l'utero lo gestisce lo stesso da sola, visto che non ci sta neanche un ginecologo.
La mia mamma ha 45 anni ma ne dimostra 20 di meno.	La mia mamma ha 15 anni ma ne dimostra 40 di più.
Noi in Italia abbiamo di media 0,4 fratelli.	Noi in Africa ne teniamo 7,3: due da 0,7 perché gli mancano le gambe e le braccia, tre da 0,4 perché sono sieropositivi, uno da 0,8 perché è rachitico e uno è sano e lo chiamiamo il miracolo della maternità.
Sto per nascere, sono a testa in giù, un medico mi prende.	Sto per nascere, sto a testa in giù, cado con la capa in terra. Cazzo, cominciamo bene!

La mia mamma è su un lettino.	La mia mamma è appesa a un albero.
Dentro era tutto buio, la sala parto però è candida: un bel contrasto.	Dentro era tutto nero, e fuori? Pure. Vuoi vedere che son negro?
Per prima cosa cerco le zizze di mamma: sanno un po' di silicone ma il latte è buono.	Per prima cosa cerco le zizze di mamma: sono nere pure quelle. Non ci sarà mica la coca-cola dentro?
Mi mettono in un lettino caldo, sto come un Dio.	Mi mettono in una mangiatoia con la paglia, dicono come un Dio, mah!
Mi lavano, mi pesano, mi vestono.	Mi lavano, mi pesano, mi buttano.
Mamma ride perché sono nato con i capelli lunghi: è raro!	Mamma ride perché sono nato senza l'Aids: è rarissimo!
Anch'io rido perché ho una bella mamma.	Anch'io rido perché ho una mamma e da queste parti è un bel culo.
Quasi quasi piango: e così mi danno il ciuccio.	Quasi quasi piango: non mi caga nessuno, quasi quasi smetto.
Mi danno un nome: Gianfilippo, ma mi chiameranno Giangi.	Mi danno un nome provvisorio, ma mi chiameranno raramente.

Ho una speranza di vita di 79 anni.	La mia vita è tutta una speranza.
Papà corre a registrarmi all'anagrafe.	La metà di noi bambini non sono registrati all'anagrafe, uno perché non tengono il papà, due perché non teniamo l'anagrafe.
La cicogna mi ha portato in Italia, sono contento.	Sono nato nel Terzo Mondo, se acchiappo la cicogna me la inculo.

Ore 21

Il radiogiornale della sera

Buonasera amici ascoltatori, e benvenuti all'appuntamento serale con le notizie e gli aggiornamenti del nostro radiogiornale.

La notizia di maggior rilevanza della giornata è sicuramente quella relativa alla visita pastorale che il cardinal Mendoza sta effettuando qui, nel cuore dell'Africa.

Con abnegazione e profondo spirito cristiano questo eminente prelato ha deciso di portare una parola di conforto e di augurio ad alcune delle popolazioni più povere e reiette della terra.

Ma colleghiamoci subito col nostro corrispondente, che si trova nel villaggio di Angwete, nel cuore del Congo, in attesa che arrivi il grande

CARDINAL MENDOZA

Sì, studio, sono collegato. In questo preciso momento la jeep del cardinale sta entrando nel villaggio. È un momento commovente e toccante: incredibile il contrasto tra il cardinale, bianco bianco, e questo gruppo di credenti neri neri neri.

Ecco, in questo momento il cardinale scende dalla jeep, aiutato dal suo assistente don Alfonso.

Il prelato è visibilmente provato da questo viaggio, eppure il suo sguardo è limpido e luminoso.

Appena scesi dalla jeep i due sono circondati da centinaia di migliaia di bambini neri neri neri. Don Alfonso cerca di bloccarli, ma il cardinal Mendoza, estraendo una mazza da baseball, dice cristianamente: «No, lascia che i bambini vengano a me!» e al grido di «Chi t'è stramuort'» vince il terzo e il quarto inning.

Dopodiché, cercando di smacchiarsi la veste candida, esclama qualcosa che non sentiamo con precisione, ma sembrerebbe: «Stingono 'sti cazz' 'e negri». Al che don Alfonso ribatte: «No, è sangue!»

«Strano questo sangue», commenta Mendoza annusando le macchie, «puzza di fracico; so pure malati?»

«Ringraziando Dio», risponde don Alfonso, «qua le malattie non mancano.» Poi, dopo essere salito sul cassone della candida jeep, il cardinal Mendoza inizia il suo sermone. È un momento di grandissima commozione.

«Ho visto», dice, «che avete fatto il presepe con la mangiatoia al posto del letto e gli animali per riscaldarsi… Bravi!»

Gli abitanti del villaggio si guardano perplessi e poi, in coro: «Non è il presepe è il progetto per l'ospedale!»

«Sono ugualmente felice della vostra fede», prosegue Mendoza, «e del vostro attaccamento alle tradizioni: mi dicono che quando è Natale se non tenete il capitone non fate il cenone, e voi non tenete mai il capitone! Sono veramente orgoglioso di voi. Ma qual è la vostra ricetta preferita?»

E gli abitanti del villaggio come un sol uomo: «Il coniglio per 400!»

«E come si fa?» chiede incuriosito Mendoza.

«Si prende un coniglio», dicono tutti in coro, «si mette per terra, si passa sopra con uno schiacciasassi poi si torna indietro con lo schiacciasassi poi si passa di nuovo, poi si torna indietro 100, 200, 300 volte e il coniglio diventa largo largo largo largo e si riesce a mangiarlo in 400.»

«Bravi», dice Mendoza, «perciò vi mantenete così in forma, magri, slanciati, eleganti, vi basta uno straccetto e fate un figurone. Siate orgogliosi della vostra negrezza, perché il nero sfina.»

Poi si guarda intorno. È letteralmente circondato da bambini, un numero incredibile di bambini. E allora dice qualcosa a don Alfonso che da qua non sentiamo con precisione, qualcosa del tipo: «Ma quanti c..zo sono? Milioni! Ma perché non li castriamo, così la smettono di fare figli?»

E il popolo in coro, stringendo le gambe: «Non è meglio il preservativo? Così ci proteggiamo anche dalla malattia».

«No no no!» si inalbera il cardinal Mendoza, «non pensate sempre a quell'80 per cento di crpes, pensate piuttosto all'8 per mille dell'Irpef che è molto più importante. È grazie a quello che oggi sono qui a portarvi dei bei regali di Natale.

Non è potuto venire Babbo Natale, perché l'ultima volta che è sceso qui voi vi siete mangiati le renne! Dai! Non è una cosa che si fa. Comunque, per dimostrarvi che la Chiesa ama l'Africa, ecco qui dei regali veramente utili: prima di tutto istituiremo una linea telefonica direttamente con il vescovado: telesalval'animamendoza. Così in qualsiasi momento voi premete un bottone e arrivano, cento, duecento preti pronti a darvi l'estrema unzione. Contenti? Ve l'ho detto che la Chiesa vi ama, e non è tutto! Non avete l'acqua? Vi lascio un flacone di acqua santa spray Mendoza: non fa passare la sete ma idrata la pelle e fa bene! E poi, *dulcis in fundo*, vi ho portato anche delle cinture di castità con il telecomando. Il telecomando lo tengo io, si chiama telesalvalafigamendoza ed è una scoperta veramente straordinaria. Siete felici? E allora Buon Natale e ricordatevi che dei poveri è il Regno dei cieli, ma non vi dimenticate che dei ricchi sono le macchine, i soldi, le case, gli aerei, la pucchiacca e tutto il resto.»

Ecco, il cardinale ha finito il suo breve e appassionato sermone che ha scaldato il cuore di questi credenti.

E ora, così come era venuto, bianco, bianco bianco, bianco, sudato, sudato, sudato, di umore nero, nero, nero, risale sulla sua jeep candida. Ecco, la macchina riparte, sgomma e sparisce nella polvere, verso un altro villaggio in cui portare una parola di conforto.

E dal villaggio di Angwete è tutto, restituisco la linea allo studio.

Grazie della radiocronaca e ritorniamo qui in studio, cari ascoltatori, per le consuete

Notizie sportive

Si sono conclusi oggi i campionati nazionali di sport acquatici, che hanno visto quest'anno la partecipazione di atleti di ogni parte dell'Africa.

Purtroppo, nel nuoto, gli atleti africani hanno fornito prestazioni mediocri, in particolare nello stile «Mantenersi a galla», disciplina in cui ormai da anni mancano in Africa atleti competitivi.

Tuttavia hanno ottenuto buoni risultati nelle altre discipline: la gara di «Sci nautico su mare di merda» è stata vinta da Gambo Negoto, atleta somalo, che ha dimostrato grande sicurezza e padronanza della situazione.

E infine tra i tuffatori si è particolarmente distinto l'atleta della Tanzania, Hosea Kassali, primatista nella categoria «Salto nel vuoto», che ha sfoggiato uno stile sicuro e di grande effetto.

E questa era l'ultima notizia per questa edizione del nostro radiogiornale, vi lasciamo alla consueta rubrica di interviste esclusive e auguriamo a tutti una buona serata.

Ore 22

Le interviste esclusive

Cari radioascoltatori è un vero piacere per noi ospitare nei nostri studi un uomo straordinario, che unisce doti di comunicativa, capacità politica e intelligenza imprenditoriale.

È qui con noi, per una intervista esclusiva, il neo presidente

Cavalier Ciro!

- Signor presidente, grazie per essere venuto.
- Si figuri, io amo la radio, di più la televisione, ma anche la radio.
- Signor presidente, ci piacerebbe sapere da lei come ha iniziato la sua brillante carriera... Sappiamo che lei ha fatto molta gavetta, è vero?
- Modestamente, io ho cominciato proprio da zero. Ero così povero che arravogliavo le cambiali per pippare la cocaina. Ero così povero che non tenevo nemmeno l'idromassaggio: ero costretto a mangiare fagioli e poi a fare il bagno nella vasca normale per ottenere quel simpatico ribollio che tanto fa bene alla pelle. Per arrivare dove sono oggi mi sono fatto un culo co-

sì; ma devo dire con soddisfazione che l'ho fatto anche agli altri.

- E ci dica, signor presidente, come è riuscito, partendo da zero, ad avviare la sua carriera di imprenditore?

- Con spirito di inventiva, prima di tutto. Mi sono guardato intorno e mi sono detto: di cosa hanno bisogno i giovani? Di svago! E allora, con molti sacrifici, ho aperto la prima discoteca: si chiamava «Rasputin».

- Un nome russo, come mai?

- Be', in italiano sarebbe la sputazza, ma mi sembrava troppo volgare. In russo è più esotico! Comunque ho aperto questa discoteca e c'ho messo dentro le ragazze giuste.

- Le ragazze cubo?

- Esatto! Un metro per un metro per un metro: le ragazze cubo.

- Scommetto che erano belle come le Veneri del Botticelli.

- Ah, pure meglio. Le mie ragazze più che alle Veneri del Botticelli sembravano Botticelli in persona. Ragazze indimenticabili, come la mia discoteca! Beninteso: tutto legale, niente robaccia e niente spacciatori! La droga la vendevo io in persona, direttamente al banco. Perché io già da allora mi preoccupavo per i giovani e per il problema della droga, che oggi è diventato un problema grandissimo: non si trova più quella buona, e perfino io sto per finire la mia scorta! Una cosa scandalosa...

- E poi, presidente? Come ha continuato la sua carriera?

- Be', i soldi guadagnati li ho investiti in attività turistiche e scambi culturali: turisti italiani in Africa e ragazze africane in Italia. Ma non accetto insinuazioni sulla tratta delle bianche. Io non sono mai stato razzista: organizzo anche la tratta delle nere! E per essere sicuro del risultato organizzo anche le prove su strada: gli faccio cambiare i copertoni in 8 secondi... Meglio che alla Ferrari! L'importante è che tutto funzioni. E con me funziona, perché io modestamente ho fiuto imprenditoriale. Ad esempio ho inventato una formula che ha avuto molto successo. Si chiama Formula famiglia e funziona così: se il cliente nello stesso viaggio in Africa si fa la mamma, il papà e tre figli ottiene un prezzo speciale, cioè paghi due trombi cinque! Decisamente conveniente, no? Poi, per diversificare l'attività, ho messo su un'agenzia specializzata in documenti falsi: procuravo passaporti italiani ai calciatori e alle ragazze avviate ai marciapiedi. Poi però è successo un po' di casino, per via di un virus nel computer: mi è finito un terzino brasiliano nel catalogo di internet, nudo con le calze a rete e i parastinchi! Un disastro. Ma è andata peggio con Omania, una ragazza del Senegal: è da quattro anni che gioca mediano in serie A, e segna pure! E non so come riprendermela perché i calciatori si sono affezionati e lei sembra che abbia una dote naturale per tenere unito lo spogliatoio!

- Se non sbaglio è stato allora che ha deciso di trasferirsi in Africa…

- Esatto. Ho capito allora che l'Africa è veramente il Paese del futuro: del mio futuro. Inoltre in quel periodo avevo bisogno di dare una svolta alla mia attività, perché avevo appena messo su famiglia, e le spese erano aumentate moltissimo. Prenda i figli, lo so ben io quanto costano, specialmente per quanto riguarda le cauzioni. E non parliamo di mia moglie, cui ho dovuto garantire un tenore di vita adeguato, a mia somiglianza. Infatti l'ho presa che era una ragazza di campagna e adesso è una fotomodella, alcolizzata e cocainomane. Insomma, per farla breve, ci siamo trasferiti tutti qua. All'inizio mi sono dato da fare in campo agricolo, ma non ci ero portato. Mi ricordo che una volta ho fatto spargere il pesticida con gli elicotteri sui campi di mais. Non mi ero accorto che era già iniziata la raccolta e sono morti tutti e sessanta quei poveri ragazzi neri che stavano lavorando. È stata una tragedia immane: non ho fatto in tempo a trovare altri braccianti e si è fracicato tutto il mais! Allora ho mollato tutto e mi sono buttato in politica.

- Ed è stato un successo straordinario. Lei è addirittura stato eletto presidente di un Paese del centro Africa! Come ci è riuscito?
- Ma che vi devo dire? Questo branco di bantù mi ha votato e io sono stato eletto. Credo che abbia funzionato la campagna elettorale fatta col treno: ho legato i miei avversari politici sulle convergenze parallele e sono passato poi col diretto delle cinque e trentasette. Ma sono sciocchezze…
- Non sia modesto. Sappiamo tutti che lei ha ideato e studiato personalmente la sua campagna elettorale, che ha avuto grande successo.
- Sì, questo sì. Però guardate che anche io ho commesso degli errori. All'inizio avevo fatto dei manifesti con scritto: «Città più sicure: a casa gli extracomunitari!» Poi ho scoperto che in Africa c'è proprio l'allevamento di extracomunitari e ho cambiato i manifesti. Ne ho fatto alcuni contro la disoccupazione, con la promessa di aumentare i posti di lavoro. E siccome questi sono proprio appassionati di pulire i vetri delle macchine ai semafori, sul manifesto c'era scritto: «Votate per Ciro e avrete più semafori!» Altri manifesti invece promettevano riforme sanitarie e lo slogan era: «Meno tosse per tutti!» Ma lo slogan che mi ha procurato più voti era sicuramente quello che diceva: «Sono un presidente negro!» Ho conquistato così il voto di tutti gli assassini e di tutti i fe-

tenti. E per ringraziarli ho fatto un manifesto dove c'ero io in mezzo a un gruppo di carcerati con una bella scritta: «Sono un presidente delinquente!» Ed eccomi qua.

- Ci può parlare del suo programma di governo?
- Ma certo! Prima di tutto ho instaurato in questo Paese di bantù una Repubblica proprietarile, in altre parole una Repubblica dove i cittadini sono liberi di fare quello che vuole il più ricco. E grazie a questo nuovo regime porterò questo piccolo Stato africano al livello di tutti i Paesi industrializzati. Basta con il divario tra noi G8, Paesi industrializzati, e loro G47, morto che parla! Io porterò qui ciò di cui hanno bisogno per una nuova economia!
- Le imprese?
- Ma quali imprese! Io gli porterò la TELEVISIONE! E, vedrete, alla fine rimpiangeranno i tempi in cui gli portavamo i rifiuti tossici. Ho già pensato al titolo di questa televisione, pensata appositamente per questi buzzurri: si chiamerà *Tele daremo di santa ragione*. Per il momento sto organizzando anche il palinsesto di questa Tv. Per la mattina ho pensato a un programma contenitore che si intitola *Cassonetto*, che come contenitore già te ne lascia intuire il contenuto, e al suo interno ci saranno rubriche come *La ruota della tortura* e *Lo zucchino duro*. Al pomeriggio ci saranno i programmi per i bambini: ho pensato a una trasmissione dove

imparano la geografia saltando sulle mine antiuomo. Per esempio: Pim! questa è una mina
italiana; Pum! questa è una mina francese!
Pam! questa è una mina belga; la trasmissione
pensavo di intitolarla *Pim, Pum, Pam!*. Per il
preserale ho pensato a un reality show che tratta degli aiuti alimentari che arrivano fracichi in
questo Paese: il titolo sarebbe *C'è peste per te*.
Subito dopo vorrei mandare in onda la soap di
fantascienza, centrata sulla storia di gente che
mangia nelle zone desertificate: il titolo è *Un
pasto al sole*. Per la sera ho ideato un talk show
condotto da una donna con l'epatite virale: *La
signora in giallo*. Per quanto riguarda le trasmissioni sportive ne ho una che tratta della
corruzione sul calcio, pensavo di intitolarla *La
domenica sporchina* con una rubrica all'interno
che tratta proprio del doping dal titolo *Ascolta
si fa pera*. Ma ci saranno anche programmi culturali: pensavo a una trasmissione dove si mo-
stra come si fa a eliminare tutti i malati di Aids
di questo continente, e potrebbe intitolarsi *Il
grande fardello*.

- Geniale, presidente! E sarà una televisione di
Stato o commerciale?

- Be', diciamo che sarà una via di mezzo, nel
senso che come presidente mi farò pagare il
canone e come imprenditore mi farò pagare la
pubblicità! Però non voglio pubblicità becere,
sceglierò di pubblicizzare solo prodotti intelli-

genti. E cosa c'è di più intelligente delle armi intelligenti di cui io, modestamente, sono il maggior importatore? E allora pubblicizziamole! Signori, comprate le nostre mitragliatrici, sono intelligentissime, fanno le moltiplicazioni, sei per sei trentasei e poi sparano e contano pure i morti. Armi intelligenti per morti deficienti. Abbiamo armi che sparano proiettili di gomma per fare morti di plastica. Armi chimiche che fanno i periti. Più spazio all'ecologia, per una morte più pulita. Missili a testata nucleare ma con marmitta catalitica. Pubblicizziamo il nostro fiore nell'occhio, la sedia elettrica a pannelli solari: funziona a dodici volt, il condannato ci mette tre settimane, forse prima muore di fame ma l'ambiente e la coscienza sono puliti!

- E la pubblicità progresso?
- Ma certo, anche quella! Voglio pubblicizzare attività socialmente utili come quelle che io faccio già da anni, ad esempio le adozioni illegali. Pubblicizziamole! Facciamo sapere che io posso accontentare ogni esigenza del mercato: li vogliono piccoli? Io glieli porto piccoli. Li vogliono ancora più piccoli? Gli mando delle donne al terzo mese di gravidanza. Ancora più piccoli? Gli mando direttamente i genitori che stanno ancora trombando! E poi farò altra pubblicità progresso per la donazione degli organi! Ho già gli slogan: sei coraggioso, hai fe-

gato? Dammelo. Tua moglie ti mette le cornee?
E tu venditele.

- Complimenti, presidente, le sue idee sono veramente innovative! Si vede che lei sta lavorando duramente per questa televisione...
- Altroché! Per ideare questo palinsesto ho lavo-
rato sei giorni e sei notti, consecutive! Poi il
settimo giorno mi sono riposato.
- Questo mi ricorda qualcuno...
- Sì, lo so: già in passato qualcun altro si è ispi-
rato a me. E non è un caso, perché, come dico
sempre: se bisogna avere un punto di riferimento bisogna prenderlo alto!
- Faremo tesoro dei suoi consigli, signor presidente. Grazie e buon lavoro!

Ore 23

Le grandi inchieste
«Punti di vista» - Ultima puntata

E siamo giunti, cari ascoltatori, all'ultima puntata della nostra grande inchiesta che ha dimostrato, in maniera scientifica e obiettiva, come la razza bianca sia geneticamente superiore alla razza nera, senza ombra di dubbio alcuno.

Infatti gli appartenenti alla nostra razza, siano essi uomini o bambini, maschi o femmine, hanno avuto successo in tutte le situazioni in cui li abbiamo posti, al contrario dei concorrenti di razza nera, che hanno fallito sempre.

E tuttavia, nonostante l'inconfutabilità dei risultati, abbiamo voluto dare a un ragazzino nero ancora una possibilità di competere con un ragazzino bianco della sua età.

Ecco i risultati dell'ultima e definitiva prova.

Nicolò e Muangi

Era un giorno di vacanza come un altro.	Era un giorno di merda come un altro.
Io giocavo con la paletta e il secchiello e facevo un castello di sabbia.	Io con la pala e il secchio facevo una baracca di fango.
A un tratto mi fa male la pancia, deve essere indigestione. Papà mi porta all'ospedale.	A un tratto mi fa male la pancia, deve essere la fame. Papà mi rimanda a lavorare.
Dopo tre minuti siamo in macchina.	Dopo tre settimane decidiamo di andare all'ospedale.
In auto il clacson urla disperatamente.	Ululo disperatamente a piedi.
Mamma si lamenta perché in ospedale ci hanno fatto aspettare venti minuti.	Mamma ringrazia la Madonna perché abbiamo trovato l'ospedale dopo solo venti giorni.
È appendicite! Papà per consolarmi dice che do-	È appendicite! Papà per consolarmi dice che se

po l'operazione passa in banca e poi mi regala un cellulare.	dopo passa in banca se lo portano via con il cellulare.
Il problema è che il medico sta curando un altro bambino.	Il problema è che il medico deve curare ventimila persone.
Nell'attesa, mamma mi legge «Pinocchio».	Nell'attesa mamma mi leva un pidocchio.
Papà è venuto con un libro: «Cristo si è fermato a Eboli».	Papà ha detto: «Cristo, mi è venuta l'ebola».
Finalmente arriva l'anestesista con la mascherina.	Finalmente arriva lo stregone con il mascherone.
Quando mi sveglio è tutto finito.	Non mi sveglio più: è tutto finito.
Adesso ho l'appendice in meno.	Adesso ho le alucce in più.
Saluto il chirurgo.	Saluto San Pietro.
In ospedale ho lasciato qualcosa di me.	In ospedale c'ho lasciato le penne.

Ore 24

Le favole della buonanotte

Anche per questa sera, amici ascoltatori, siamo arrivati alla fine delle nostre trasmissioni.

Vi lasciamo con la consueta favola della buonanotte.

Il brutto anatroccolo

C'era una volta un'anatra che fece cinque uova, quattro normali e uno enorme, ma così grosso che il culo le fece male per otto giorni.

Dall'uovo grosso nacque un papero che era un cesso. Prima di tutto era calvo, e un papero calvo fa schifo perché sembra una palla da rugby. Poi teneva le pelle d'oca, che è normale per un papero, solo che lui la teneva sulla lingua. Era stuorto, brutto e sciancato, ma soprattutto aveva una caratteristica: era negro! Ma così negro che a confronto Nelson Mandela sembrava finlandese; così negro che Zorro sembrava vestito da sposa, così negro che il cardinal Milingo sembrava un uovo sodo.

E quando mamma anatra lo vide disse: «Oca, oca, oca, oca, oca o cazzo, il mio piccolino è nero» e lo pigliò a palate in faccia e coperto di sangue era più apprezzato perché non si capiva tanto il colore.

Un giorno il papero andò sull'aia e incontrò due galline bianche che come lo videro lo pigliarono a palate in faccia. Con la scusa della cervicale gli tirarono il collo e gli spalmarono le dita, nel senso che prima le teneva palmate e dopo spalmate.

Quando si fu rimesso, il papero con circospezione tornò sull'aia, incontrò un cane e chiese: «Sono brutto?» «No», disse il cane e vomitò. «Ma sono nero?» chiese di nuovo il papero. «Minchia!» rispose il cane. «Sembri un gesuita!» «Ma è brutta la pelle nera?» «Dipende», disse il cane. «Baglioni tiene pure una mutanda di pelle nera.» «Tu sei buono», disse il papero, «perché non mi prendi a palate in faccia.» «Solo perché non tengo la pala», rispose il cane, «ma tengo il piede di porco, vero Umberto?» E Umberto, il porco, disse: «Sì, sì, te lo presto volentieri, ma non me lo rovinare perché ho appena fatto la manicure». Allora il cane, che era educato, chiese al papero: «Che preferisci, coscia o petto?» «Coscia», rispose il papero e allora il cane, che era educato, gli scassò il femore, la tibia e il perone.

Fu così che il papero andò a vivere ai confini della legge, cioè tra le canne, le ecstasi e tutte le altre droghe. Frequentava una discoteca malfamata che si chiamava «Papaveri e papere», solo che i papaveri erano quelli da oppio. La dj era una certa Ocarina, e i clienti erano tutta brutta gente: l'Anatra wc alla quale nessuno rivolgeva la parola perché era un cesso, Qui Quo Qua che avevano imparato a farsi sul Manuale delle giovani marmotte, Mandarina duck con due borse sotto gli occhi così, e molti altri tipi poco raccomandabili.

Una sera la polizia fece irruzione e per fortuna il nostro anatroccolo era calvo sennò, oltre alle solite palate in faccia, ci avrebbe sicuramente lasciato le penne.

E venne l'inverno, il papero era preoccupato e pensava: «Finirò all'arancia, oppure avrò una moglie, delle uova; avrò mai un piumino?»

Poi finalmente tornò la primavera e il papero con grande meraviglia si accorse di essere diventato un cigno nero. Allora con orgoglio tornò sull'aia e tutti lo guardarono stupefatti e fecero: «Ohhhh e tu chi sei?» E lui gonfiando il petto disse: «Il brutto anatroccolo». «Ah sei tu!» risposero tutti in coro e lo pigliarono a palate in faccia e gli spappolarono tutto il pâté de fois gras.

Allora il papero spiccò il volo, bello ed elegante, ma un cacciatore gli sparò e il papero morì.

Stretta la foglia, la via è piccolina, contro il razzismo non c'è medicina.

I GIOCHI

Parole crociate africane
Indovinelli africani
Monopolepole

1. Parole crociate africane

Questo schema è riservato a solutori esperti
di enigmistica e conoscitori del continente
africano. I gruppi di due parole non sono definiti.

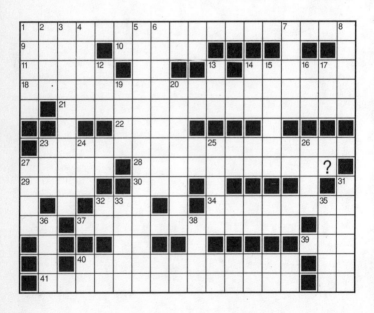

I giochi

ORIZZONTALI

1. Appesantisce il guerriero masai.
9. Si può perdere per distrazione o per una mina.
10. Atteggiamento di chi, perso nella savana, si accorge di essere circondato da leoni affamati.
11. All'inizio le aveva solo l'Egitto, ma ora ne ha una ogni Stato africano.
14. Termine dell'Africa equatoriale per definire Bossi.
18. Alle falde del Kilimangiaro.
21. Ce l'ha lungo la giraffa.
22. In Africa lo sono tutti e non per caso.
23. Capitale del Ruanda.
28. Lo sapevate che queste parole crociate sono una cazzata?
29. Razzisti beneducati.
30. Noi Li Linciamo (Ente benefico per l'eutanasia degli extracomunitari).
32. Ente Italiano Truffafricani (Sindacato lavoratori immigrati clandestinamente).
34. Colpisce i bianchi ma ammazza i neri.
37. Si affaccia sull'Oceano Indiano.
39. Liquore africano che si accompagna al babà.
40. Dicesi di abitante delle bidonville di Nairobi.
41. Era un povero bambino negro ed è diventato una ricca signora bianca.

VERTICALI

1. Sfama le prostitute.
2. Grande risorsa africana.
3. Dado da brodo africano.
4. Il passato del Togo.
5. Attraversa il Nord dell'Africa.
6. Dà sollievo a chi è vittima della siccità.
7. Mondi con medaglia di bronzo e podio di merda.
8. Tipico richiamo bantù.
12. Associazione Pestaggio Vùcomprà (Circolo Ricreativo Padano)
13. Non leva la sete ma la fa dimenticare.
14. Grosso serpente da regata.
15. Un senso tra cinque.
16. Istituto Italiano Razzisti (Associazione senza fini di lucro).
17. La mia città senza pari.
19. Adenoidismo senza la 2^a, la 5^a, la 6^a, la 7^a, l'8^a, la 10^a e l'11^a (provate voi a dare una definizione di «aens»!)
20. Non amano le donne.
23. Liquore africano che si riaccompagna al babà.
24. Con ot sono morti.
26. C'è chi mangia spesso e chi…
27. Una nota.
31. Si incontrano nella savana.
33. Arriva quando smette di piovere.
35. Insieme di animali rigati.
36. Si usa nella Parigi-Dakar.
38. Il nome della mia shampista.

Soluzione

2. Indovinelli africani

La prima lettera di ogni definizione darà la soluzione.

1. Sono neri sul pianoforte.

2. Li schiaccia chi ha sonno.

3. Animali con pelliccia pregiata.

4. Sono più ricchi e rigogliosi dopo la stagione delle piogge.

5. Risotto al nero di seppia.

6. La donna in alcune zone dell'Africa.

7. La lingua masai.

8. Sono seguiti dai profughi.

9. Venti africani.

10. Attraversa Il Cairo.

Risposte

1. Jazzisti.

2. Pidocchi.

3. Ricchi.

4. Ombrellai.

5. Risotto extracomunitario.

6. Cubista.

7. 6 centimetri come tutti.

8. 883, ma soprattutto i Nomadi.

9. Dagir, Butia, Muangi, Mulei, Kaseki, Juma, Motuoni, Nuara, Barisa, Odeco, Nduolo, Awore, Kimanki, Wangegi, Ocotto, Atieno, Uambui, Ndeca, Natahar, Nut.

10. 38 barrato.

Soluzione: jpr orc 68d3
Che cosa vuol dire? È il codice fiscale del mio commercialista!

3. Monopolepole

Regolamento

- Si gioca in 400.000.000, tirando il dado a turno (il tabellone lo troverete nell'inserto fotografico del volume).
- Ogni giocatore deve usare un barile di scorie radioattive come segnalino, però può scegliere il colore.
- Ogni giocatore che compie un intero giro del percorso ha diritto a costruire una capanna.
- Il giocatore che avrà costruito 1800 capanne potrà cambiarle con 1 scuola.
- Quando si saranno costruite 360 scuole le si potranno cambiare con 1 ospedale.
- Ogni ospedale dà diritto ad un pozzo in omaggio.
- A ogni giocatore potranno capitare centinaia di «Imprevisti» lungo il percorso, mentre per quanto riguarda le «Probabilità» sono 1 su 400.000.000.

Buon divertimento!

Spiegazione delle caselle

1. <u>Partenza</u>: per ogni 4 concorrenti che sono sul nastro di partenza solo 3 riescono a partire, infatti 1 su 4 muore. Tirare il dado per vedere chi sopravvive.

2. <u>Preservativi vietati</u>: sei un buon cattolico ma prendi l'Aids; vai in Paradiso senza passare dal «Via» e manco dall'ospedale che tanto non c'è.

3. <u>Energia elettrica</u>: non prendi una lira perché è solo per l'esportazione.

4. <u>Casa farmaceutica</u>: fanno ricerca in Africa ma i brevetti li usano solo nei Paesi industrializzati; se non paghi 1.000.000.000 di dollari muori di 130 malattie diverse.

5. <u>Bomba</u>: una bomba non tanto intelligente è caduta sul tuo villaggio; perdi 10 euro e tutta la famiglia.

6. <u>Corruzione</u>: paghi tutto quello che hai per poter esercitare i tuoi diritti oppure fai la rivoluzione; in tutti e due i casi vai alla casella 24 passando dalla prigione.

7. <u>Materie prime</u>: grande fortuna! Se ne hai la forza economica e militare puoi eliminare intere popolazioni senza pagare pegno pur di ottenere il possesso di questa casella.

8. <u>Vulcano in eruzione</u>: ci mancava solo lui! Quando si dice la jella…

9. <u>Discarica</u>: ti puoi liberare di tutti i medicinali scaduti e di tutti i rifiuti tossici che non sapre-

sti come smaltire; poi ricominci dalla casella 1 come se nulla fosse.

10. <u>Ritardante</u>: stai fermo un giro ma non prendi l'Aids.

11. <u>Colla</u>: sniffi la colla!!! Stai fuori: non dal gioco, stai fuori con la capa!

12. <u>Prigione</u>: Pane e acqua, questa sì che è vita!

13. <u>Alluvione</u>: quando è troppo e quando niente! Stai fermo per 3 raccolti.

14. <u>Indigestione</u>: SCHERZO! Questa casella non esiste: torna alla casella 4 e paghi un rene.

15. <u>Acqua potabile</u>: se capiti su questa casella è un miracolo.

16. <u>Aiuti umanitari</u>: ritiri 1000 lire e mezzo chilo di riso ma purtroppo il riso è fracico e le 1000 lire non valgono più, adesso c'è l'euro!

17. <u>Siccità</u>: 'sto cazzo di niño! Vedi casella 13.

18. <u>Guerra civile</u>: vai al cimitero con tutti i parenti senza passare dal «Via».

19. <u>Diarrea</u>: questa volta stai in mezzo a un mare di merda… Fuori gioco tu e i 4 che sono più vicini a te.

20. <u>Zoccola</u>: ti fermi con una prostituta e prendi l'Aids per solo 1 euro. Puoi giocare ancora 3 o 4 anni, poi vai alla casella 24.

21. <u>Mine antiuomo</u>: perdi una gamba senza ritirare manco 1 euro.

22. <u>Ospedale</u>: non c'è, peccato! Torni indietro di 1 casella, così, se già stavi inguaiato…

23. <u>Morte</u>: stadio in cui neri e bianchi sono ugua-

li. Se sei bianco arrivi a questa casella a 75 anni, se sei nero ci arrivi a 35. Quindi, prima di tirare di nuovo il dado, vatti a guardare allo specchio…

24. <u>Fine corsa</u>: o costruisci una «capanna» e tiri ancora oppure ti fermi qui per sempre. Nel 97% dei casi si verifica la seconda ipotesi.

APPENDICE

AMREF: il futuro dell'Africa è nero

Va bene... AMREF come nome non è il massimo e su questo siamo tutti perfettamente d'accordo. Se invece di chiamarci AMREF, ci fossimo chiamati «AfricAiuto», o «GreenAfrica», o magari «Aiutacy», sarebbe stato tutto più facile. Siccome siamo un'organizzazione orgogliosa, che non vuole rinunciare al suo impronunciabile acronimo, molti ci ricordano più semplicemente come l'associazione di Giobbe Covatta.

Da quasi dieci anni, infatti, l'amico Giobbe ha scelto di prestarci la sua barba, la sua comicità e oggi anche la sua penna, per aiutarci a sostenere l'azione quotidiana dei nostri operatori africani nei campi della prevenzione e dell'assistenza medica, della formazione di personale locale e della lotta all'Aids, dell'educazione ambientale, della costruzione di pozzi e dell'aiuto alle donne.

Il futuro dell'Africa è nero, dichiariamo, sempre con orgoglio, perché AMREF-Fondazione Africana per la Medicina e la Ricerca non è solo la principale organizzazione sanitaria senza fini di lucro dell'Africa Orientale, ma è anche e soprattutto un'organizzazione nata in Africa, nel lontano 1957, e fatta di uomini e donne africani. Medici, chirurghi, infermieri, educatori, assistenti sociali, tecnici idrici, agronomi, ingegneri, piloti e volontari locali, che hanno scelto di lavorare per la salute e lo sviluppo dei loro Paesi e che in questo preciso momento sono attivi in circa 140 progetti distribuiti in 14 nazioni dell'Africa Orientale. Dal Sudan al Sudafrica, dalla Somalia all'Uganda, dal Kenia al Mozambico.

Visto che siamo neri e africani, che conosciamo le necessità più urgenti delle popolazioni povere e parliamo la stessa lingua, lavoriamo a stretto contatto con le comunità locali che sono chiamate a partecipare dall'inizio alla fine, dall'ideazione alla gestione, ai nostri progetti. Il nostro obiettivo infatti non è quello di fare una generica assistenza, ma di lasciare benefici permanenti e di rendere le comunità indipendenti dall'aiuto esterno. Per questo il nostro slogan è: «Aiutiamo l'Africa a non aver più bisogno di aiuto».

AMREF è conosciuta in tutto il mondo anche per l'attività dei Flying Doctors, i celebri «dottori con le ali» che portano cure specialistiche e formazione negli ospedali delle aree rurali più remote, e per aver vinto nel 1999 l'Hilton Humanitarian Prize, uno dei più prestigiosi riconoscimenti al mondo per un'organizzazione non governativa, «per aver saputo costruire un moderno sistema sanitario in Africa, accessibile a tutti».

A questo punto, però, può sorgere spontanea una domanda: cosa c'entra la comicità di Giobbe

Covatta con il lavoro di un'organizzazione umanitaria africana? Il filo che ci lega in questo singolare sodalizio in realtà è più stretto di quanto possa apparire a prima vista: è il tentativo di guardare ai problemi e ai bisogni dell'Africa senza dover necessariamente alzare la voce, drammatizzare, ferire, scandalizzare. È lo sforzo, comune a entrambi, di non inseguire le emergenze, i disastri e l'Africa dei grandi numeri, ma di incontrare, aiutare e raccontare le Afriche delle persone e della vita aspra di tutti i giorni.

In tutti questi anni Giobbe ha aiutato AMREF a restituire il sorriso a moltissima gente, e non tanto in Italia con i suoi sketch, ma soprattutto in Africa con il suo impegno costante al fianco della nostra organizzazione. Se oggi tantissimi italiani ci aiutano a riabilitare i ragazzi di strada, a portare l'acqua, a potenziare le scuole, a soccorrere, curare, formare ogni anno migliaia di persone, il merito è anche di questo buffo, lunatico, inimitabile «griot» napoletano. Se anche tu vuoi aiutarci a regalare un sorriso, non lasciarti sfuggire questa occasione. Come dice Giobbe: «Basta poco, che ce vo'?»

Thomas Simmons
Direttore di AMREF Italia

Basta poco, che ce vo'?
Sostenere AMREF è facile...

AMREF - FONDAZIONE AFRICANA
PER LA MEDICINA E LA RICERCA

In oltre 40 anni di attività
AMREF ha soccorso, vaccinato, curato e istruito
milioni di persone in Africa

AMREF è nelle scuole

AMREF aiuta **10 scuole** di un'area molto povera del Kenia, offrendo a 5000 bambini condizioni migliori in cui studiare e crescere sani. Oltre alla costruzione o riparazione di strutture scolastiche, AMREF gestisce corsi di educazione igienico-sanitaria.

Con 10 euro aiuti a costruire localmente un banco doppio, con 30 euro una lavagna.

AMREF è nelle baraccopoli

Il 55% della popolazione di Nairobi (Kenia) vive in baraccopoli senza acqua corrente, luce, né servizi igienici, e senza alcuna assistenza sanitaria: le malattie legate alla povertà, la mortalità infantile e l'Aids sono a livelli allarmanti. Nella smisurata baraccopoli di Kibera, AMREF ha re-

centemente costruito il primo **Centro di assistenza medica**.

Con 65 euro aiuti AMREF a vaccinare 10 bambini contro le 6 malattie infantili più diffuse.

AMREF ha i «Flying Doctors»

Durante le emergenze e dove non arrivano le
strade, arrivano i **dottori volanti** di AMREF per
portare assistenza specialistica, formazione e medicinali. Ogni anno oltre 200 specialisti raggiun-
gono 80 ospedali remoti ed effettuano una media
di 2500 interventi chirurgici e di 10.000 visite
mediche.

Con 78 euro aiuti le attività dei dottori volanti
di AMREF.

AMREF *è tra i bambini di strada*

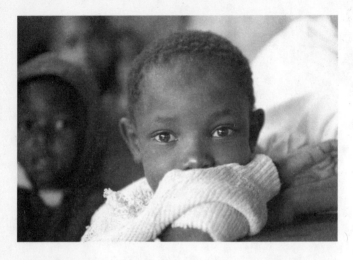

«Chokora», in Swahili «rovistare tra i rifiuti», è il nome usato in Kenia per apostrofare i bambini di strada, spesso orfani, che vivono nelle baraccopoli: a Nairobi AMREF sta costruendo un **Centro di Accoglienza** per ospitarne oltre 400. I ragazzi frequenteranno la scuola, apprenderanno un mestiere e potranno compiere i primi passi per reintegrarsi nella società.

Con 250 euro annui aiuti AMREF a togliere un bambino dalla strada.

AMREF *porta l'acqua*

La difficoltà di accedere ad acqua pulita è uno dei problemi più seri per le popolazioni africane. AMREF promuove la costruzione di **pozzi e acquedotti** con la partecipazione attiva delle comunità locali e la costituzione di comitati «tecnici» incaricati di seguirne la manutenzione.

Con 1600 euro finanzi un pozzo per una comunità rurale.

AMREF *forma medici in Sudan*

Nel Sud-Sudan distrutto da una guerra decennale, circa 6 milioni di abitanti possono contare su appena 4 medici! È in questo contesto estremo che AMREF ha aperto a Maridi la prima e unica **scuola per Assistenti Medici**: ogni studente diplomato sarà in grado di vaccinare e curare le malattie più comuni e fare gli interventi chirurgici di base.

Con 3720 euro offri una borsa di studio di un anno.

AMREF è con le donne

Madri e instancabili lavoratrici, le donne sono la colonna portante della famiglia africana.

In ogni progetto, **AMREF è con le donne**: per aiutarle a prendere consapevolezza dei loro diritti, sociali, sanitari e sessuali e del loro ruolo preminente, anche se silenzioso, nei cambiamenti sociali e culturali.

Con AMREF aiuti l'Africa delle donne.

**AMREF Italia Onlus – Via Settembrini, 30
00195 Roma – www.amref.it**

C/C postale n° 79051009
C/C Bancario n° 13000,52 – Monte dei Paschi di
Siena – Ag. Roma 2 – ABI 1030 – CAB 03202
Carta di credito: telefonando allo 06.320.22.22.
Le donazioni sono detraibili (art.13, D.L. 460/97)

1. Valerio Peretti Cucchi, *Madre... che coraggio!!!*
2. Fabio Fazio, *Una volta qui era tutta campagna* (4ª ediz.)
3. Giorgio Faletti, *Porco il mondo che ciò sotto i piedi!* (2ª ediz.)
4. Gene Gnocchi, *Il Culo di Sacchi* (3ª ediz.)
5. Enzo Braschi, Sergio Vastano, *M'è preso un accipicchia*
6. Gianni Fantoni, *Breve, ma utile, guida alla Pigrizia*
7. Giobbe Covatta, *Sesso? Fai da te!* (12ª ediz.)
8. Paolo Beldì, *Perché inquadri i piedi?* (2ª ediz.)
9. Lino Toffolo, *A remengo!* (2ª ediz.)
10. Autori Vari, *Viale Monza 140*
11. Il Conte Uguccione, *La Divina Trombata* (5ª ediz.)
12. Smemoranda Brothers and Sisters, *Prima della scuoiata in matematica ci sarà una tosata in fisica*
13. Raul Cremona, *Con la sola imposizione delle mani...*
14. Il Conte Uguccione, *...a volte ritrombano* (2ª ediz.)
15. Paolo Hendel (con Piero Metelli), *Ma culo è una parolaccia?* (2ª ediz.)
16. Luciana Littizzetto, *Ti amo bastardo* (6ª ediz.)
17. Giobbe Covatta, *Dio li fa e poi li accoppa*
18. Marco Della Noce, *Che storia!*
19. *Ahi ahi i figliol di troia non muoion mai*, a cura di Nico Garrone
20. AA.VV., *Dai retta a un cretino. Dieci anni di irresistibile comicità*
21. Luciana Littizzetto, *Minchia Sabbry!* (2ª ediz.)
22. Amedeo Pini, *...del resto tutte le bestie sono animali*
23. Giobbe Covatta, *L'incontinente bianco* (2ª ediz.)

Caro/a amico/a,
se le è piaciuto questo libro, ci permettiamo di ricordarle che nel catalogo della **Zelig Editore** compaiono le seguenti opere:

- [ ] Giobbe Covatta, *Dio li fa e poi li accoppa*
- [ ] Giobbe Covatta, *Sesso? Fai da te!*
- [ ] Luciana Littizzetto, *Ti amo bastardo*
- [ ] Luciana Littizzetto, *Minchia, Sabbry!*
- [ ] Paolo Hendel, *Ma culo è una parolaccia?*
- [ ] Il Conte Uguccione, *...a volte ritrombano*
- [ ] Raul Cremona, *Con la sola imposizione delle mani*
- [ ] *Ahi ahi i figliol di troia non muoiono mai*, a cura di Nico Garrone
- [ ] AA.VV., *Dai retta a un cretino. Dieci anni di irresistibile comicità*

Le chieda al suo libraio, e qualora non fossero disponibili spedisca questo coupon a Baldini&Castoldi – via Crocefisso 21/A – 20122 Milano, oppure ci contatti al **Numero Verde 800-242593** o al nostro sito **http://baldini.editore.it**.

Cognome ....
Nome ....
Via ....n°..............
Località ....
Provincia ....CAP ....
Tel. .... Posta elettronica ....

Stampato nel maggio 2002 per conto di
Zelig editore S.r.l.
da «Grafica Veneta S.r.l.» Trebaseleghe (PD)

60-8
2002